不愚忠的抗金名將

於兵荒馬亂中誕生，
領岳家軍殺敵無數，
不畏權勢，成爲一代抗金名將！

岳

山陽，馬貝 編著

南宋時期最傑出
軍事統帥×中興四將之一

飛

怒髮衝冠，憑欄處，瀟瀟雨歇。
抬望眼，仰天長嘯，壯懷激烈。

他，治軍嚴明，岳家軍「凍死不拆屋，餓死不擄掠。」
他，威振天下，敵方讚嘆「撼山易，撼岳家軍難！」
他，大破金軍鐵騎，不敗神話讓敵軍聞風喪膽。

他是岳忠武王──岳飛

# 目錄

# 目錄

# 序

岳飛（1103～1142），字鵬舉，精忠報國之人，著名軍事家，中國歷史上傑出的民族英雄，抗金名將，南宋中興四將之一。出生在河北西路相州湯陰縣永和鄉孝悌里，即今河南省安陽市湯陰縣菜園鎮程崗村人。

1122年，岳飛19歲，應真定府宣撫使招募，當上了一名「敢戰士」，率軍平定了相州一帶的匪亂。

1126年，岳飛再次投軍，應劉浩招募，在相州參加了趙構大元帥府的部隊。不久，岳飛跟隨劉浩救援東京開封，因戰功升任秉義郎，歸東京留守宗澤指揮。此後，岳飛轉戰開德、曹州，累破強敵，屢建大功。

1141年，岳飛被解除兵權，任樞密副使。第二年八月，宋高宗趙構和秦檜派人向金求和，金軍統帥完顏兀朮要求「必先殺岳飛，方可議和」。

趙構乃與秦檜誣陷岳飛謀反，將其下獄。岳飛深知自己蒙冤不白，就裂開自己的衣服辨析冤枉，主審官員們見岳飛背上刺有「精忠報國」4字，深入膚裡，都知道了岳飛的冤屈，卻無力挽救。

1142年，趙構、秦檜等將岳飛殺害於臨安，時年僅39歲，他的兒子岳雲及部將張憲也同時被害。

1129年冬，金軍在完顏兀朮的統率下，大舉南侵，一路勢如破竹，渡江攻入建康，給了南宋投降派一記響亮的耳光。宋高宗倉皇逃命，身邊僅有隨臣八九人，乘樓船流浪於溫州、台州一帶海面。

危難之際，岳飛率部轉戰於廣德一帶，6戰6捷，俘虜敵軍將領40多名。連日征戰，糧草不繼，將士們忍飢挨餓，卻不敢擾民，岳飛治軍之嚴可見一斑。

　　1131 年，江淮一帶有李成、張用、曹成等游寇，其中李成擁兵 10 萬，割據六七個州郡。這年 3 月，岳飛率軍至洪州，出其不意，打敗了馬進的先鋒部隊，乘勝追擊，收復了筠州。

　　1134 年，岳飛奉命北伐，主動出擊，大破敵軍，收復襄陽六郡，後又移軍襄陽，繼而圍攻陳、蔡地區，大敗偽齊軍，捷報傳到朝廷，升官拜太尉。

　　1140 年，金軍分四路南下侵宋。岳飛於六月再次從鄂州出兵北伐，大破兀朮「拐子馬」於郾城，這就是歷史上有名的郾城大捷。

　　在南宋的抗金戰役中，岳家軍英勇善戰，戰績輝煌，給後人留下了無數可歌可泣的傳奇故事。

　　岳飛善於謀略，治軍嚴明，他所率領的岳家軍以「凍殺不拆屋，餓殺不打擄」著稱。在其軍旅生涯中，他親自參與和指揮了數百次戰役，戰功赫赫，威震天下。

　　此外，岳飛文采斐然，戎馬倥傯之餘寫有一些詩文，氣勢雄渾，奮發昂揚，後人將其文章、詩詞編成《岳武穆遺文》，又名《鄂忠武王文集》，流芳後世，千古不朽。

# 大難不死的新生兒

1103 年 3 月 17 日，在相州湯陰的一戶人家裡傳來了嬰兒呱呱墜地的哭聲，這個嬰兒便是後來的抗金英雄岳飛。

岳飛是宋朝著名的抗金將領，也是中國歷史上傑出的民族英雄之一。岳飛作為中國歷史上的抗金英雄，其精忠報國的精神深受中國各族人民的敬佩。

提起岳飛的名字，人們腦海中會浮現出征戰沙場的將士身影，身後的鐵馬金戈襯托著將士偉岸的輪廓。那麼，岳飛的名字又是怎麼來的呢？這還要從岳飛出生時的一個故事講起。

當天一位丫鬟從屋裡面飛奔出來，笑嘻嘻地叫道：「岳員外！岳員外！夫人生了，是男孩！男孩！」

屋裡幾位幫忙接生的婦女仍在忙碌著，見岳員外進來，連道恭喜。夫人姚氏經過生產的痛苦折磨後，已疲憊不堪，她見了丈夫，蒼白的臉上不禁泛起紅光，說：「快看看你的寶貝兒子！」

岳員外忙捧起正吮手蹬腿的兒子，左瞧瞧，右看看，樂得直說：「岳家總算後繼有人了！」

姚氏說：「你別只是傻樂了，快給兒子想個名字吧！」

這時，屋頂上的大鳥又發出一陣鳴叫，岳員外靈機一動，脫口說：「名就叫飛，字叫鵬舉吧！願他日後能像大鵬一樣展翅高飛，建功立業，光宗耀祖！」

岳員外岳和是岳家莊的大戶，田產家財頗豐，但他生活簡樸，為人善良，常常節衣縮食，來賑濟莊裡的貧民。對他來說，唯一也是最大的遺憾是年近半百，還沒有子嗣。

## 大難不死的新生兒

　　為此，岳和曾四處訪醫尋藥，甚至燒香拜神。如今，他總算如願以償，自然高興萬分，在家堂神廟點燭燃香，忙個不停。他還打算在岳飛滿月時大擺筵席，款待全莊鄉親。

　　但還沒等這一天到來，一場天災就不期而降。一天，一陣怪風驟然颳起，隨即從山後升起一團黑雲，飛快地翻滾過來，霎時間瀰漫整個天空，將炎炎赤日遮了個嚴嚴實實。

　　一道道耀眼的閃電過後，便是一聲驚天動地的驚雷，緊接著，瓢潑大雨從天而降。岳家莊的人從未見過這麼暴烈的雷雨，惴惴不安地待在屋裡。

　　忽然，從遠處傳來一陣陣恐懼的叫喊：「黃河決口了！黃河決口了！」頓時，岳家莊就像炸了鍋，人們不顧電閃雷鳴，風雨交加，扶老攜幼，哭著叫著跑出屋子，湧向村外，向地勢高處奔去，但這怎能跑得過猛若禽獸的洪水呢？

　　岳和聽到呼喊聲，慌忙抱起不滿月的岳飛，攜著姚氏，踉蹌著跑到院子中。這時他已聽到洪水的呼嘯聲和成片房屋倒塌的聲音，看來跑是來不及了。情急中，他一眼瞥見了放在牆角的一只大木缸。

　　岳和先讓姚氏坐了進去，再將岳飛遞過，讓她抱在懷中，顫抖著說道：「夫人，我將兒子託付給你，靠你保全一點岳氏血脈，我就是餵了魚鱉，也能含笑九泉了！」話音剛落，一股洪流湧來，岳和手一鬆，木缸就隨水漂走了。

　　姚氏在缸內急呼：「老相公，老相公！你怎麼了，你在哪兒呀？」淒厲的喊聲被暴風雨吞沒。大木缸載著姚氏母子倆夾雜在許多漂浮物之間，在汪洋大水中浮動，木缸上露出一頂雨傘，一陣狂風吹來便將雨傘刮入水中。

孤獨的姚氏幾次想躍入波濤之中，隨丈夫而去，但當看到安安靜靜躺在懷中的岳飛，想起丈夫的叮囑，她便猶豫了。她不應該尋死覓活，應盡最大努力把岳飛撫養成人，這樣才能無愧於丈夫。想到此，她將岳飛緊緊摟在懷中。

　　岳飛母子坐在木缸內，隨波漂蕩，但所幸有驚無險，最後在河北大名府黃縣境內，隨一股水流漂向岸邊，被人救起，得以逃生。在這場大洪水中，岳家莊人九死一生，岳飛母子竟奇蹟般地活了下來。

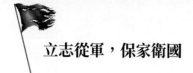

# 立志從軍，保家衛國

　　河北內黃縣的王家莊的廳堂裡，員外王明正在欣賞古玩。忽然，他聽門外傳來喧嚷的聲音，便停了下來喊道：「王安。」

　　一個青年匆匆進來問：「老爺，有何吩咐？」

　　王員外說：「外面何事喧鬧。」

　　王安回答說：「老爺，洪水退後，河面上漂來許多浮財，老鄉們正在打撈呢！」

　　王員外與王安一同向門外走去。在寬闊的河面上漂浮著一些家具、衣箱、雜物。許多人拿著長竿、短鉤爭著打撈。王員外主僕二人往河邊走來。

　　一個性格開朗的中年婦女笑著對王員外說：「王員外，你也來看熱鬧嘛！」

　　王員外點頭道：「對，對。」

　　王安突然指著河中說：「老爺你看，那是什麼？」

　　王員外順著王安手指看去，見有一個圓形的東西從遠處漂來，好像是一口缸。

　　王員外主僕二人走到河邊，大缸已離河岸不遠，只是用手搆不著。王員外對王安說：「你去借根竿子來。」

　　王安說：「好」。他走到剛才那個打招呼的婦女跟前說：「劉大嫂，借竹竿用一下好嗎？」

　　劉大嫂說：「哎喲！你們員外還撈東西嘛！」

　　王安笑笑說：「是呀！」他接過劉大嫂遞過來的竿子便急忙奔向王員外。

王員外見了說：「啊！還帶著鉤呢！快把缸鉤過來。」王安把停在柳蔭下的木缸移到岸邊。

王員外靠近木缸一看，原來裡面坐著一個懷抱嬰兒的婦人，好像已經昏睡過去。此時打撈財物的鄰居也紛紛圍觀。

王員外蹲下身子，用手在婦人鼻子下探了探道：「還有氣，趕快救人。來，鄉親們，快幫一把。」

這時有的人在議論：「這年頭，自家人都吃不飽，還請個吃飯的回去。」

劉大嫂匆匆趕了過來說：「王員外，讓我來。王安，下去。」又對邊上的兩個青年說：「你們也下去，來，使勁，一、二、三。」幾個人把缸移到了岸上。

缸中的姚氏慢慢睜開眼睛，嘆了口氣說：「這裡莫不是陰曹地府嗎？」

王安說：「這位奶奶好笑，好好的人，怎麼會是陰曹地府呢？」

王員外看到婦人說話了，忙對劉大嫂說：「快，快把她扶起來。」大家把姚氏扶出缸外。

王員外對王安說：「你快回去告訴夫人，準備熱水和衣服。」

王安應道：「好！」轉身往家跑去。

岳飛母子雖然僥倖生還，家道卻因此敗落。這場滅頂的洪水，使岳家祖輩辛勤積累的豐厚資財及在此基礎上的社會地位都付之東流，富家子弟可享受到的一切岳飛都享受不到了。

經過這次災難，岳飛母子轉眼間由比較富裕的莊戶降為貧僱農。生活日益殘酷，尤其在天災人禍連綿不斷的北宋末期。

岳飛母子獲救後被姓王的員外所收養，岳母平日靠為人做針線活來維持家計，撫養岳飛。

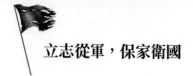

## 立志從軍，保家衛國

　　岳飛長到四五歲時就幫助母親幹活，母親邊幹活邊教他識字。因為家裡窮，買不起紙和筆，母親想了個辦法，把細沙鋪平作為紙，樹枝當筆，練習寫字。

　　岳飛從小勤奮好學，並且熱愛勞動。他的記憶力很強，教過的字，讀過的書，大都牢記不忘。到了上學的年齡，岳母便省吃儉用，送兒子上學。岳飛跟著老師學習，不像別的孩子那樣啃書本，而是注意領會書中的精神和要領。因此，他的學習成績在同學中遙遙領先。

　　幾年之後，由於家裡太困難，岳飛就對母親說：「娘，我可以幹活養家了，我不上學了。」

　　母親說：「孩子，家裡的日子是不好過，可你現在不上好學，將來怎能有出息呢？」

　　岳飛說：「我不在學堂裡，也可以讀書呀！」

　　母親聽了岳飛的話覺得也有道理，就同意了。

　　岳飛離開學堂之後，到幾十里之外的韓家當佃客。此時，金國軍隊不斷入侵中原，人們為了防身護家，紛紛習武練功。

　　岳飛六七歲時，迫於生計，就開始做一些力所能及的體力勞動，砍柴放豬，打水送飯。年齡稍長時還曾到大戶人家做莊客，打短工。在這種情況下，他自然無法專心求學讀書。但岳飛勤奮好學，上進心強，利用一切可能的時間和機會學習。

　　岳飛從小時候起就渴望做一名將士來保家衛國。他不是不想金榜題名，而是實在忍受不了異族侵略者的囂張氣焰。

　　由於北宋武備鬆弛，委曲求全，遼金屢屢起釁，侵擾中原，飲馬黃河，大肆劫掠。官軍每每聞風而逃，老百姓備受兵災之苦。

　　這一切給年少的岳飛震動很大。他認為，在國家民族處於危難的時

候，仍去孜孜追求自己的科場功名，是最不光彩的行為，非大丈夫之所為。他果斷決定，長大後一定要從軍，抵禦外族侵擾，保衛自己的家園。

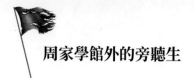

# 周家學館外的旁聽生

一天，王員外、湯員外、張員外3人商討孩子的教育問題。

王員外說：「最近，我遠近找到了幾位頗有名氣的先生，可他們一聽說孩子難管，就不肯來。」

湯員外說：「我也四處打聽過，沒有合適的。」

張員外說：「自古名師出高徒，找不到名師，孩子們難成大器呀！」

正在大家一籌莫展時，只見王安進來稟報：「老爺，陝西周侗老相公來訪。」3個員外聽了大喜，一齊出門迎接。

王員外上前拱手道：「大哥久不相會，是哪陣風把你給吹來了？」

身背包袱和弓箭的周侗拱手說：「各位賢弟，久違、久違，大家一向可好。」

4人進入廳堂坐下。丫鬟隨即上茶。

王員外問：「大哥，一別20多年，不知在何處高就？」

周侗說：「原在東京授徒，如今年邁，只想會會老哥們兒，敘敘舊情。」

湯員外問：「未知嫂子、令郎在何處？」

周侗說：「老妻去世已久。」

王員外安慰說：「大哥不必悲傷，如果你老不嫌棄，這裡就是你的家。」湯、張二人也隨聲附和。

周侗說：「承蒙各位賢弟厚愛，老夫已無牽掛，四海為家而已。不知賢弟們都有幾位令郎？」

張員外：「我們3個各有一個，不瞞兄長說，目下正為這3個孽障煩惱呢！」

周侗說：「3 位賢弟不必見外，老夫就成就了孩子們吧！」

3 位員外齊聲說：「好」。

在王家莊內的大草坪上有七八個孩子在戲耍打鬧。一個莊丁匆匆跑來高叫：「王少爺，張少爺，湯少爺，快些回去你們老爺又請了一個老師教你們讀書呢！」

於是，這 3 個年約六七歲的孩子很不情願地跟在莊丁後面往一幢大房子走去，這 3 個孩子分別叫王貴、張憲、湯懷。

3 人說說笑笑走進一間大廳。大廳裡坐著 4 個老人，其中 3 個年約 50，俱是員外打扮，衣帽鮮麗大方。另一人年近 70，穿著樸素但顯得精神抖擻，骨骼非凡，他就是大名鼎鼎的 80 萬禁軍教頭林沖的老師周侗，他還先後收過梁山好漢盧俊義、武松為徒。3 個孩子各自見過員外。

王貴的父親王明說：「孩兒們快來拜見周老師。」

3 人同時說：「拜見周老師。」說著在周侗面前跪倒，磕頭。

周侗說：「罷了，罷了，都起來吧！」3 人謝過，起身站在一旁。

周侗高興地說：「老夫與 3 位員外一別近 20 年，不想令郎們俱已這般大了，可喜可賀！」

岳飛從小喜歡讀書習武，但是家境寒苦，家裡沒有多餘的財力讓他從師學藝。一年春天，岳飛做完了田裡的事，又去砍柴，回來發現村側柳林後面開了一所學館。岳飛躲在學館後面聽老師講課，他聽得津津有味，居然忘記了時間。

儘管能聽到老師講課的聲音，但岳飛看不到老師本人，他一直在猜想，老師究竟是什麼樣子呢？

後來向人一打聽，岳飛才知道這個老師周侗是陝西人，年已 60 多歲，人很精神，不但書教得好，還會教學生騎馬射箭和諸般武藝。

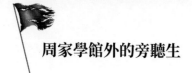

## 周家學館外的旁聽生

周侗教書的方法也和尋常不同，最重要的是講解和師徒間的互相問答。特別是對於兵法和行軍打仗之學，講起來有聲有色，使人聽而忘倦。

當時，宋徽宗正搜刮全國財富以供君臣的荒淫享受，鬧得田地荒蕪，民不聊生，水旱頻仍，怨聲載道。由於民間所受災害的嚴重，必然地招來了外患的侵襲。百姓們在這雙重暴力夾攻之下苟延殘喘。

岳飛恰恰生在這個時代裡，從小就聽父老鄉親們談起朝廷無道、外患日深和敵人的殘暴，家庭又是那麼寒苦，不覺激起了愛國愛民的心志和對敵人的仇恨，讀書習武的願望也就日益迫切。

無奈這位周老師是當地幾家財主費了許多心力聘請而來，學錢還在其次，最主要是老師的脾氣很古怪，所收學生均要經過他的選擇。如果看不上，不管學生的家長有多大財勢，送他多少錢也是沒辦法，說不收就一定不收。

岳飛剛想附讀，便受到旁人的譏嘲，說他不知自量，家況寒苦，出不起學費。學中多是富家子弟，穿得好吃得好，來去都有人接送，貧富懸殊，如何能與之為伍？

附學的念頭打消後，岳飛便在門外偷聽。偷聽了幾次講書之後，越聽越痴迷，老是放它不下，一天不去便寢食不安。

農村中的孩子是要幫助家裡下地勞動的，岳飛又深知家庭困難，平日刻苦耐勞，所做的事甚多，一身不能兼顧。仗著聰明會算計，幾次去過，聽出周侗講書是在清早和黃昏前，單日習文，雙日習武。柳林以內就是演武場，還可暗中偷看，學些武藝。便把聽讀和砍柴下田做雜事的時間，仔細盤算。調配了一下，再和岳母說好，按時前往。這樣，岳飛便成了周家學館門外的旁聽生。

學館靠近一片柳林，有 10 多間房、一個大院子，地勢很幽靜。書房兩面皆窗，沒有外牆，旁邊有一小門，學生由此出入。

每到雙日的下午，學生都會到柳林習武射箭，岳飛便掩在樹後偷看，暗中學練。他最先看到眾學生都是按時自習，老師從不在旁傳授，心中覺得奇怪。後才聽說，周侗傳授武藝，都是在當天一清早在書房後面的院子裡，輕易不肯出門一步。

這樣秋去冬來，到了年底，忽然連下了 3 天大雪。周家學館裡面爐火熊熊，溫暖如春，還有書僮下人按時給學生們送飯添衣，服侍周到。而岳飛只能在外面凜冽的寒風中，凍手凍腳地顫抖著偷聽人家讀書，連門都不能進。

一天，岳飛又去學館旁聽，在路上，他想起快下雪的那天，聽周老師講用兵之法，講的是十倍而圍，五倍而攻；必勝始戰，戰必收其全功；見不能勝則退，退必保其全師。

周侗把孫子兵法和他多少年來的苦心研究聯起來講，說得頭頭是道。後來又講到以少勝多的戰法，還沒有講完，天便黑透了。跟著風雪交加，學生們也放學回家了。

接下來的三四天，岳飛都沒有來。兵法中最緊要的一段偏被錯過了，岳飛覺得十分可惜。心中正盤算著，不知不覺已經到了周家門外。

岳飛看到學館門窗緊閉，靜悄悄地一點聲音也沒有。他害怕人誤會，不敢去到窗口窺探，便在寒風中站了一會。

岳飛覺得學館裡面應該沒有人，這時，他發現由旁邊小門起，有一行腳印，像是去往柳林方向，岳飛跟著腳印來到了柳林。

柳林就在周家附近，林外有一條小溪，溪水早已冰凍，上面佈滿了積雪，沿溪都是古柳高槐。

岳飛走著走著，忽然聽到錚錚的金鐵交鳴的聲音。他急忙躲到樹後面一看，原來林中歃許方圓的空地上，有兩人正在比武，內中一個正是周侗的兒子周義。另一個少年貌相英偉，關中口音，岳飛以前沒有見過他。

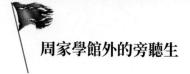

　　兩人雙槍並舉，打得勝敗難分。岳飛正看得興起時，突然聽到錚的一聲，一條人影已經縱出丈許遠近，隨即聽到那個少年說：「到底還是世弟，整天跟著老世叔，長進得多，再打下去，我就不是對手了。」

　　周義笑著說：「楊大哥，沒有的話！我這套槍法剛學不久，哪裡能跟你比？難得同學們都回家過年去了，今天我還要隨大哥再練一回呢！」周義看了看天色，又說，「原來天已不早，難怪大哥不願再練了。」兩人便收了兵器，互相說笑著往回走。

　　岳飛看到二人有說有笑，十分友好，他想：「看他們多好，我就沒有這樣的朋友。」

　　周義與姓楊的少年從樹旁走過。岳飛心中正在想著事情，忘了閃開，正好對面互看了一眼。岳飛看到兩個人走在路上交頭接耳，好像在談論自己。

　　姓楊的少年忽然停步，把頭一偏，看神氣想要轉身，被周義拉住，又回望了一眼，然後一同走開了。想起以前因在學館門外偷聽讀書，受到惡奴的氣，全仗周義出來說話，岳飛因此對他心存感激，想和他說話，他又裝著沒有看見自己一樣，神情傲慢。今天姓楊的偏又被他攔住，他們分明是看不起自己嘛！

　　岳飛尋思著，越想越覺得氣悶，這時，忽然聽到樹枝上微響，一片雪花落在頭上，冷冰冰的。抬頭一看，樹上還有一個烏巢，裡面伏著一只烏鴉，看神氣已快凍僵了。

　　岳飛想：「你現在正和我一樣，可是天氣一暖，你便羽毛豐滿，海闊天空，任你飛翔了，我呢？」心念才動，跟著又是一陣風來，又灑了一頭碎雪，因學生們都已回家過年，聽兩少年後來的口氣，飯後不會再來，只得無精打采地往回走。

# 牆上題詩受關注

在私塾裡，周侗把幾本書發到 3 個學生面前說：「你們記著，既是學生，就要好好愛惜書本。」

站在兒子身邊的王員外拿起兒子面前的書看了看，不以為然地笑著說：「大哥，你仍舊拿這些東西教他們？」

周侗說：「怎麼，你以為你兒子現在大有學問了麼？」

王員外說：「不是，我以為大哥一代通儒，又是世宿名將，不教他們《大學》、《中庸》，也會教點《孫子兵法》什麼的。」

「老弟，」聽了王員外的話，周侗皺著眉頭說：「你這話差矣，豈不聞三代之隆，其法具備。然後王宮、國都，以至閭巷，莫不有學。從那時候起，人生 7 歲，上至王公，下至庶人子弟，皆入小學。小學是什麼，小學就是這些教以灑掃、應對、進退之節，再就是禮樂、射御、書數之文。就是王公弟子尚且如此，老弟又怎麼可以小看這些蒙學之書！」

王員外不好意思地說：「我以為我不想讓他們將來去應什麼科舉，這應對、禮樂之事就可以免了。」

周侗接著說：「我也不喜歡繁文縟節，但凡事總有個循序漸進的過程。為人師者，若急功近利，不算教育得法。何況孔子授徒，尚先授以《曲禮》、《少儀》、《內則》，則因小學之成功，以著大學之明法。俗儒記誦章句之習，其功倍於小學而無用；異端虛無寂滅之教，其高過於大學而無實。其他權謀術數，一切以功名成就之說，惑世誣民，充塞仁義，豈不是誤人子弟。」這時，岳飛正在私塾旁邊偷聽，聽到周侗的講解，岳飛默默地點著頭。「這先生果然有學問，」岳飛在心裡說，「我若能在他的

帳下聆聽教誨，那便可以不虛此生了。」

這天夜裡，一鉤新月懸在天空，滿天的繁星特別耀眼。岳飛坐在階前，默默地望著那浩瀚的蒼穹。

「飛兒，」身邊的母親問：「你在想什麼？」

「娘，」岳飛說，「我在想今天周先生教的課，周先生說：韓柳歐蘇，固文人之最著，起翦頗牧，乃武將之多奇。周先生還說：白起是秦國的將領，最善用兵，他用反間計，使趙國罷了廉頗的兵權，但他竟斬趙兵40萬於長平，這麼殘忍的人，我看他算不上什麼將才。」

聽了兒子的話，姚氏不由得高興起來：「飛兒，你喜歡聽這一類的故事？」

岳飛點點頭。

「你希望長大了成為將軍嗎？」姚氏的臉上充滿了希望。

岳飛沒做聲。

「你怎麼不說話？」姚氏問。

「如果我成為將軍的話，我會成為一名愛護士兵，愛護百姓的好將軍。對待敵人要狠，但我決不像白起那麼殘忍。」岳飛深沉地說。

姚氏欣喜地望著兒子點點頭：「這才是我的好兒子。」

「可我現在還不是將軍。」小小的岳飛總是那麼深沉，停了一會兒他又說：「王員外他們請的周先生可真有學問。」

「是啊！」姚氏的神色在一剎那間又暗淡下來：「可惜我兒不能拜在他的帳下。」

在院子裡，周侗正揮舞著鋼槍，在嗖嗖的風聲中，他手中的長槍一會兒如玉燕穿林，一會兒如怪蟒翻身。槍尖到處，仿如流星點點，紅纓擾動，聲似翻江倒海。流星點點，扎的全是對方要害；翻江倒海，身手捷如戲水蛟龍。在場的幾個孩子全都看呆了。

3 個孩子拍著巴掌高喊著：「好啊！好啊！好啊！」

在一根柱子後面，還有一個孩子在默默地看著，他就是岳飛，這時他也不由得微微笑了。

這一天，王貴伏在自己桌子上，大筆一揮，寫下了「王貴」兩個字。

張憲趴在旁邊，笑著瞧著。

「哈哈，」王貴望著自己的字，傻笑著說：「張憲，你瞧，我的草書寫得怎麼樣？」

張憲瞥了一眼說：「什麼呀？我以為你在畫我們上次挖的蚯蚓呢！」

王貴：「好啊！敢挖苦我！」說完，他與張憲打鬧了起來。

這時周侗走了進來，他厲聲喝道：「張憲、王貴別鬧了，湯懷你也別寫了。」

3 個孩子都坐好了。

周侗說：「你們 3 個都聽好了，我現在宣布一件事，今日我有事要出去一趟。我走之後，你們不得頑皮淘氣，我這裡分別給你們出了 3 個題目，你們要把它寫成文章，聽到了沒有？」

「聽到了。」3 個孩子異口同聲地回答。

周侗提起手中的韁繩，騎著馬奔馳而去。

「白鬍子大爺走囉！」王貴揮舞著雙手，跳著狂呼起來。

「我們自由囉！」張憲的聲音更大，跳得更高。

「你剛才笑話我的字難看！」王貴還惦記著剛才的事呢！過去就給張憲一拳。

「是很難看啊！」張憲也不示弱，兩個人又打到了一塊。

這時，湯懷推著岳飛的肩膀走了進來。湯懷說：「岳大哥，你進來看看吧！我們這位先生學問大著呢！」

「岳大哥!」王貴、張憲停住了打鬧,圍住了岳飛。

岳飛好奇地四處打量著,他信步走到書櫃跟前。架上放著那麼多書,簡直使岳飛興奮不已。他隨手從書架上抽出一本書,便如饑似渴地看起來。

張憲望著岳飛,詭異地笑著。

王貴愣愣地問:「你笑什麼?」

張憲湊過去,在他耳邊低語著。

王貴拍著手笑起來:「太好了,我怎麼沒想到啊!」

「你們幹什麼呀?」湯懷望著他們問。

「走,咱們玩去!」張憲和王貴架著湯懷就朝外走。

「哎,幹什麼呀?」湯懷大聲喊著:「先生佈置的文章我們還沒寫呢!」

「岳大哥,」王貴回過頭來朝岳飛高聲喊說:「這件事就拜託你了!」

岳飛抬起頭來,茫然問:「什麼事?」

王貴笑了笑說:「先生要我們每人寫一篇文章,題目在桌上,麻煩你代勞一下。」

「你們!」岳飛有些猶豫。

「別謙虛了,」王貴又喊:「我們知道你行,點心在抽屜裡,餓了你自個兒吃。」

岳飛還沒回過神來,王貴他們已經消失在門外。便放下手中的書,替3人寫好文章。

岳飛從書架上又取出一本,這是一本《孫子兵法》。他驚喜地打開書,輕輕地念道:「孫子曰:兵者,國之大事,死生之地,存亡之道,不可不察也。」

岳飛索性坐下來，他如饑似渴地讀著：「一日道，二日天，三日地，四日將，五日法。道者，令民與上意同也，故可以與之死，可以與之生，而不畏懼。」他抬起頭，心裡輕輕地默唸著：「道者，令民與上意同也，故可以與之死，可以與之生……」

岳飛站在滿滿的書架前，痴痴望著那些書，顯得那麼惆悵。突然，他從王貴的課桌上取出一支筆，沉思片刻，在硯池中蘸飽了墨，然後走到粉牆邊。

「自古男兒羨鬚眉，」他手中的那支筆在粉牆上飛快地寫道：「少年心事幾人知。」這首詩已一揮而就，他站在那兒輕聲念道：「乞食漂母需自勉，敬履只緣有黃石。英雄自合調羹鼎，雲龍風虎各相宜。自古英雄出少年，浩然正氣蕩乾坤。」

唸完，岳飛又舉起筆來，在後面署道：湯陰岳鵬舉偶題。

突然，門「砰」的一聲被推開了。岳飛驚得回過頭來，看到王貴飛也似地跑進來，驚慌地喊：「岳大哥！你快走！」

「怎麼啦？」岳飛詫異地問。

「不知怎麼搞的，」王貴上氣不接下氣地說，「白鬍子大爺回來了。」

後面，張憲、湯懷也氣喘吁吁地跑了回來。

「你快跑，」王貴拚命地推著岳飛，「你快跑，要不然，大家的屁股都會挨板子的呀！」

不一會兒，周侗鬼使神差地又返回了私塾。

「這文章是你寫的嗎？」周侗用嚴厲的目光望著王貴問。

「嗯！」王貴低著頭，輕聲回答。

周侗語帶挖苦地說：「半天不見，你進步不少啊？」說著，他又望了張憲、湯懷一眼。那兩個人不做聲，都緊緊地垂著頭。

「把你的文章遞上來。」周侗對張憲說。

張憲怯怯地雙手把自己的文章遞了過去。但周侗的目光，卻落在前面的粉牆上。「自古男兒羨鬚眉，」周侗皺著眉頭，一面緩緩地走著，一面輕輕地唸著：「少年心事幾人知。」

王貴、張憲，湯懷一抬頭，也都看見了粉牆上的字，他們的臉上都不禁流露出幾分詫異的神色。

「乞食漂母需自勉，敬履只緣有黃石。」周侗的眉頭慢慢地展開了，他的聲音也漸漸變得抑揚頓挫起來：「英雄自合調羹鼎，雲龍風虎各相宜。自古英雄出少年，浩然正氣蕩乾坤。湯陰岳鵬舉偶題。」

「岳鵬舉，岳鵬舉是誰？」周侗嚴聲詢問面前低著頭的 3 個學生。

「岳鵬舉就是……就是岳飛。」王貴喃喃地說。

「岳飛又是誰？」周侗疑惑地問。

「岳飛就是……就是岳大哥。」張憲大聲說。

「岳大哥，你岳大哥多大了？」

「9 歲。」王貴仍舊喃喃地說。

「9 歲？」周侗不相信地問：「9 歲能寫這麼好的詩？」

「先生，」湯懷抬起頭來說：「他的確與我們同歲，他好聰明。」「9 歲，湯陰人，為什麼會在這裡？」周侗接著問。

「先生，」湯懷接著說：「他很小的時候，家鄉發洪水，把他父親淹死了，他母親抱著他坐在水缸裡，被洪水沖到這裡，是王貴父親收留他們。」

「有這樣的事情？」周侗若有所思地問。

「先生，」王貴大聲嚷起來：「岳大哥不僅很聰明，而且他好大的力氣，村裡的大人們都說我和張憲的力氣大，可是我們兩個人加起來都打不過他呢！」

「是嗎？」周侗似乎明白了什麼，他忍不住高興地說。

「真的，沒騙您。」看到先生的笑臉，王貴得意地喊著。

這時，周侗臉上露出了微笑，他的情緒變得興奮起來，他在心裡說：「莫非他就是我苦苦尋覓的傳人！」

# 絕不敢失信於知己

一天，岳飛做完活後便開始往家裡趕。離家還有半裡多地時，岳飛瞥見山坡上伏著兩只山雞，右邊一只長尾巴上還附著冰雪。

岳飛知道這時候的山雞又肥又嫩，這東西最愛惜它的羽毛，尾巴上有雪便飛不快，正好都打回去孝敬母親。

岳飛便把身邊軟弓竹箭取出，扣上弦，先朝左邊一只射去，正好射中那只頭部。只蹦起丈許高，連翅膀都沒張開，便落了下來。右邊一只剛剛驚起，岳飛早打好了主意，頭一箭剛發，第二箭也相繼射出，當時穿胸而過，兩只山雞全被射中。

接著，岳飛忙趕過去，連雞帶箭全拾起來，往家飛跑。到家一看，門前大片積雪已被母親掃光，只有兩片平整的雪地未動，岳飛剛喊了一聲「娘」，母親已經從屋子裡面趕出了。

姚氏接過岳飛手中的山雞，笑著說：「你臉都凍紫了，還不快到炕上去暖和一會兒！你看那兩片雪地，想留給你寫字，還捨不得掃呢！」

岳飛忙喊：「娘！兒子不冷。今天人家放學，書沒聽成，正好練字。」說罷，就往屋裡跑。放下弓箭，把平日畫沙的筆取了出來。

岳飛拿了木筆畫雪練字，連畫了兩個時辰。眼看太陽已經偏西，岳飛正打算去到後面生火煮飯，忽聽有人笑說：「果然難得！」他回頭一看，身後站著一個年約 50 的老翁，穿著一身粗衣布服，上下卻極整潔。

岳飛幼承母教，從小知書達理，他連忙起身拱手為禮，喊了一聲「老大爺」。

來人是岳家多年好友李正華。他看到岳家孤兒寡母生活艱難，第二天

一早，李正華命令人送來了很多糧、肉、布匹和江南的土物，還送了一些筆墨紙硯和十幾套書與岳飛。當時岳家已快斷糧，眼看明春難度過，不料多年良友雪裡送炭，感激欣慰自不必說。岳飛有了書讀，更是喜出望外。

最令岳飛高興的是，李正華經常到家裡來看岳飛讀書，並殷勤指點。岳飛讀到的書有些是斷簡殘篇，也都給補上了，李正華又常把岳飛請到家中去講解。

李正華經常談起周侗文武全才，收徒不論貧富，更不計較束修，但求學的人天分要好，心志還要堅定，能耐勞苦。

岳飛幾次向李正華請求，要拜周侗為師。李正華總是微笑點頭，說過些日子再說。聽李正華的口氣，他和周侗二人好像很熟，岳飛再一追問，他的話又含糊起來，這使岳飛心中老大不解。

李正華有一個女兒，名叫李淑，她從小就喜歡讀父親的書，因此聰明能幹。岳飛有時看到李淑，也不迴避。

岳飛每逢雙日，仍然往柳林偷習武藝，只是從開頭起，所見到的都是一群學生，周侗從來沒有出現過。

第二年的春天，李正華要出門訪友，岳飛仍是每隔一天，便往柳林去一趟。當時村中老百姓日子越發窮苦，岳家全仗李正華時常賙濟，加上本身勤苦耕作，才能度日。李正華臨走的時候再三囑咐，要岳飛專心一意讀書習武，不要只顧下地。

一天，岳飛去往野外練習弓箭，先趕上一夥由城裡出來的富家子弟，拿了彈弓在那裡打鳥玩，便躲了開去。無意中又走到了七里溝周家附近。

柳林中設備齊全，單箭靶就有好幾個，還有各種兵器陳列在那裡。岳飛害怕引起對方不快，從來不曾拿人家的東西練習過。

岳飛知道當天不是練武的日子，正想另換一個地方，不料遠處空中飛

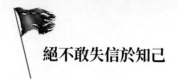
來一行雁陣。一時技癢，想試一試新練的連珠射法，忙取身後短箭，迎頭射去，口中低喝：「先射第二，再射第三，都要中頭！」

雙雁已經落地，岳飛忙趕過去拾起來一看，箭都射中雁的頭頸。心中一喜，瞥見來路邊的桃樹後閃出一個老者，正朝自己含笑點頭。

岳飛見那個老者慈眉善目，舉止安詳，衣冠樸素，從來不曾見過他。岳飛走上前，還沒有開口，老者便問：「你這娃的箭，是誰教的？」

岳飛一遲疑，還沒回答，老者接口又說「你頭一箭還好，第二箭就差得多。若非那雁往側群飛，自湊上來送死，你又順風迎頭而射，就射不中了。不信？你看，這第一只雁，你正中它的咽喉要害，射得頗準，這第二只雁，你就是由它左肩向上，斜穿頭頸而出。這只能算是湊巧碰上，還不能算射中，你知道嗎？」

岳飛一邊笑著回答「是」，一邊將死雁提起一看，情況果然和老者說的絲毫不差。岳飛暗自思忖，老人一定是此中高手無疑。岳飛連忙恭恭敬敬上前求教，並問：「老前輩貴姓？」

老者笑著說：「你先不必問我姓什麼，也不談別的，只問你有沒有恆心，能不能吃苦吧？」

岳飛覺得老者的聲音很熟悉，便恭敬地回答說：「小子不怕吃苦，也有耐心。」

老者哈哈大笑說：「好！由明天起，你未明前起身，去到七里溝山坡無人之處，在相隔百步之內，掛一竹竿，上面掛著大小 3 個帶有風葉的竹圈。你對著初升起來的太陽，朝那竹圈注視，看它隨風的轉動次數，每一個圈都要數到 300 為止。竹圈大小不等，被風一吹，轉動起來，有快有慢。」

「除大風外，必須 3 個轉數都要同時記清。稍微有點含糊，就得重

數。等陽光射到臉上，你已睜不開眼睛時，再閉目養神。過一會回家，明早再來。隔四五天，你把竹竿移遠兩三步，直至 300 步左右為止。」

「這件事說起來並不稀奇，但非有恆心毅力不可！練過百日以後，不管風怎樣吹，你能夠在 300 步遠處，把這大小 3 個竹圈轉數記清，才算是有了根基，再練下去就百發百中了。你這副弓箭，還不合用，到時我再給你打主意吧！」

岳飛聽老者一說，十分高興，忙要行禮拜師，老者一手拉起，笑著說：「我還不一定教你呢！你忙什麼，單學射箭，用處還不大，只要真能吃苦用功，沒有學不成的事情。我這徒弟不容易收，你這師也不容易拜呢！」

岳飛覺著老者表面上言語溫和，藹然可親，暗中好似別具一種威嚴，使人自生敬意。岳飛不敢多說，只得諾諾連聲，恭敬稱謝。

老者又對岳飛說：「你不必來找我，到了一百天的期限，我會找你。」說罷，轉身離開了。

從此，岳飛便照老者說的方法去練。天還沒有亮，他就起身，來到老者所說的地方，把竹竿橫插樹上，掛上 3 個大小竹圈，面對陽光，定睛注視，一天也沒斷過。

開頭一個多月，岳飛感到非常難耐，那 3 個竹圈的轉動次數，首先數不過來。稍微一晃眼，覺著沒有數對，便要重數，一回也沒有數滿，就到了無法睜眼的時候，風大時尤其麻煩。

四五月間的陽光，一天比一天強烈，岳飛用功又勤，每日不被陽光射得眼睛睜不開，絕不肯走。就這樣兩個多月光景過去了，老者始終不曾再見，岳飛的兩隻眼睛卻被陽光射得又紅又腫，練的時間比初練時也增加了一倍以上。

## 絕不敢失信於知己

到了第三個月的下旬，岳飛心性越來越靜，所定竹圈轉動的次數，居然能夠數完。兩眼紅腫逐漸消退，陽光也不像以前那樣刺眼了。正想100天的約會快到了，眼看就有拜師之望，李正華忽然回家，將岳飛喊去，笑著說：「你不是要拜周侗為師麼？再過10來天，我領你去。」

岳飛雖然仰慕周侗已久，但那天射雁時所遇的人曾經當面接談，對他慰勉甚殷，看出是位高明人物。尤其是經過3個來月的苦練，有了成效，目力首先比以前強了許多，由不得心中感佩。眼看百日期滿，李正華引他去見周侗的日期，又正是那人所約的100天頭上。不答應不好，答應又恐失信。

岳飛想了想，便對李正華說，打算過了那人約會再作打算，以免辜負對方盛意。

李正華說：「我已託人和周老師說好，就這一天見面，如果他看你是個材料，當時就可收你為徒。約好不去，此老脾氣古怪，以後求他，恐怕難呢！」

岳飛慷慨地回答說：「侄兒因為家貧，無力從師，在周家門外偷聽了一年，沒有一人理我。因為我射雁，遇見這位素不相識的老人家，對侄兒那樣殷勤指點，再三勉勵，倘若失約，非但辜負老人家美意，侄兒當初所說的話，豈不成了假的？人生世上，重的是信義二字，伯父與周老師的約會，侄兒先並不知，並非有意失約。周老師知道此事，也必原諒侄兒求學苦心，未必見怪。還望伯父成全，向周老師婉言相告，等侄兒向那位老人家學了射法，再去求見拜師吧！」

李正華又說：「這位周老師是一位奇士，名滿關中。拜他為師，不容易，你不要錯過機會。」

岳飛毅然回答說：「周老師文武全才，侄兒心中仰慕很久了。不過侄

兒覺著有志者事竟成，只要肯下苦功，終有學成之日。倘若周老師因為沒有按照他所指定的日子前去，不肯收歸門下，侄兒也決不敢失信於知己！」

李正華笑著說：「你小小年紀，居然有這樣的志氣，我也不再勉強，只是改期的話，不大好說，暫時作罷，將來再打主意好了。」

岳飛聽李正華口氣，以後再想拜師，決非容易。岳飛心想，周老師雖然本領高強，如果氣量這樣狹小，也就不能算是一位真正高明的人了。

接著，岳飛和李氏父女談了談別後所讀的書，便離開了。到家之後，想起周侗的本領，又捨不得，但又不能辜負了老者。

岳飛心裡很亂，拿著書也讀不下去。可是他怎麼想都覺得不應該失信於人，便決計先去赴約，學箭之後，看事而行。作出這樣的決定後，岳飛才入睡。

# 持之以恆練眼力

這一天，在王家莊私塾內，周侗走上講台，下面 3 張課桌上分別坐著王貴、張憲、湯懷 3 個學生。

周侗說：「王貴上書。」

王貴調皮地說：「學生沒有書，只有這個。」說著冷不防從袖管裡抽出一根鐵尺朝周侗頭上扔去。

周侗眼見鐵尺呼的一下朝自己面門飛來，竟不躲閃，一口將其咬住。然後拿在手中緩緩走下講台來到王貴的課桌旁。

這時，王貴已經目瞪口呆，被周侗一手提起放在課桌上，就用鐵尺在王貴的屁股上重重打了七八下，王貴痛得大聲討饒：「老師別打了，學生再也不敢了！」

周侗嚴厲地說：「好，這次饒了你，下次再敢無禮，為師定將重責不饒，你們全都給我記住了！」

3 個孩子面面相覷，異口同聲回答：「弟子謹遵老師教誨。」

在另一間簡易的茅草房裡，姚氏坐在一張桌子前，對面立著男孩，他就是岳飛。桌子上鋪滿一層黃沙，岳飛正用一根樹枝在黃沙上寫字。

姚氏雙手做著針線活，嘴裡在教岳飛習字。

姚氏親切地說：「飛兒，昨天娘教你的『君子愛財，取之有道』會寫了嗎？」

岳飛回答說：「娘，孩兒會寫了，孩兒還會寫『精忠報國』4 個字呢。」說著用樹枝在黃沙上歪歪斜斜寫了「精忠報國」4 個字。

岳母看罷驚奇地問：「娘沒教你，你怎麼會寫的呢？」

岳飛說：「娘，是孩兒昨天下午砍柴回來在私塾窗外看周老師寫的，孩兒就學會了。」

姚氏說：「好好，孩子，自從你爹被洪水沖走，剩下我們孤兒寡母寄人籬下，也只得委屈你了。」

岳飛說：「娘，您別難過，待孩兒長大了就什麼都不怕了！」

姚氏不住點頭，臉上露出欣慰的微笑。

這天是大晴天，在私塾內，下午熱辣辣的陽光從窗戶斜照在正在講課的周侗身上。

這天，岳飛照舊到七里溝旁山坡之上，對著初升起來的太陽，苦練目力。當時，天沒有亮，疏星殘月點綴著大片天空，只東方天邊微微現出一點紅影。跟著，日輪漸漸冒出地面，朝霞散綺，十分好看。

這正是夏天空氣最清新也最涼爽的時候。岳飛照例蹲著一個騎馬式，面對朝陽，默數那隨風轉動的竹圈。開頭陽光一點也不刺眼，不消片刻，那輪紅日由地平線上漸漸升起，放射出萬丈光芒，映得東半天都成了紅色。

岳飛已經看習慣了，不覺得刺眼，那三個竹圈他也早數過了三百。數到後來，那伏天的太陽彷彿億萬銀針一樣，斜射過來，光芒耀眼，強烈至極。

岳飛經過多日苦練，有了經驗，知道練時不能勉強，稍微覺得眼睛有些刺痛，便避免和太陽直對，或是合上眼睛過一會兒再數。岳飛無意中把頭一偏，先瞥見相隔不遠的地面上，現出兩個又長又大的人影，正往自己身前移動。抬頭一看，由東面野地裡走來兩人，相隔還有十來丈。

因為那兩個人是背著陽光走來。太陽又剛升起不久，人還沒有到，人影已先投到了地上。岳飛首先認出其中一人是李正華，另一人也似見過。他揉

了揉眼，定睛一看，不禁大喜，原來另一人竟是那天射雁時所遇的老者。

岳飛連忙站起，等到要迎上前去時。忽然又瞥見左側人影一閃，一個身穿黃葛布褂的少年已由旁邊崖坡上縱落，向來人飛馳過來，又是一個常見的熟人，隨後岳飛聽李正華高呼：「賢侄快來！」

等到岳飛走近，剛剛行禮，還沒有開口，李正華先說：「這位就是你朝夕盼望想要拜師的周侗老先生！」

岳飛這一驚喜真非同小可，忙即跪倒，口稱「老師」。

周侗一手拉起，連說「孺子可教」，隨即令少年和岳飛相見。岳飛早認出那是周侗之子周義。連忙行禮，叫了聲「師兄」！

周義笑著說：「師弟真肯吃苦，我奉家父之命，見了你面，故意不理，前後一年多了，真怪不過意的，你千萬不要見怪。」

岳飛已然明白，非但周侗父子有意磨煉他的志氣，最近半年，連李正華也都參與在內。心中歡喜，感激不盡！急切間不知如何回答是好。

周侗對周義說：「有話到家再談，你那些師弟們還都等著跟他見面呢！」

說罷，老少四人一同轉身，順崖坡繞過柳林，往周家走去。岳飛與周義跟在二老後面，沒有走幾步，岳飛忽然覺得周義暗中拉了自己一下，岳飛停步，想問何事。

周義低聲說：「岳師弟，我真的很佩服你。當你風雨無阻，連大雪寒天，也必去我家門外聽讀書的時候，我們真恨不能把你當時接了進去。因家父說，一個能成大事業的人，必先苦其心志，勞其筋骨，再多受一些折磨苦難，才能有望，這才遲了多半年。」

「他老人家看似中年，實則年已 65 歲了，所收徒弟並不多，像你這樣暗中考查最久才收的還是頭一個。莫以為他老人家心腸狠，對一個未成

年的幼童全無憐惜；若非特別看重，想把平生所學，連文帶武和他所知道的山川險要、關河形勢，一齊傳授給你，他也不會這樣了。」

周義又慢慢地講起了事情的原委：「去年臘月底，我和楊再興師兄柳林比槍，回去不多一會兒，家父便回了家。我們再三代你求說，家父知道你家貧苦，已打算和你見面，就便送些銀米。」

「李四叔恰在此時來訪，二位老人家一商量，又改了主意。先由李四叔教你讀書，隨時考查你為人心性，等家父試驗出你的恆心毅力，然後收你到門下來。」

「我每天清早，也去那邊崖上練功，不過練的方法不同，藏處你看不見罷了。你練得怎麼樣，我雖看不出來，只見你從來沒有絲毫懈怠。有時看出你眼睛疼得厲害，又不便在這時候見面，心中真替你著急。回去又向家父說了。」

「他老人家第二天一早便趕了來，一直看到你練完才走。我見他臉上神氣很高興，知道無妨，才放了心。」

「家父教射箭，單是目力就要練習一年。這 100 天只是頭段，你居然忍受勞苦，不怕艱難，人還沒有進門，就這短短不到 100 天的工夫，先把那百步穿楊的目力練好，真叫人佩服極了。」

岳飛見周侗父子對他那樣熱情，非常感激。老少 4 人還沒有走到周家門口，眾學生已迎了出來。

周侗把手一揮，陪著李正華先走進去。到了書房，李正華先請周侗坐好，命岳飛正式行禮拜師，並與眾同門相見。這樣，岳飛歷經磨難，終於成為了周侗門下的弟子。

第二天，周侗來到岳飛家的茅屋內，在鋪滿黃沙的桌子邊坐下，他對面坐著的是姚氏，姚氏身後站著岳飛。

姚氏給周侗講起了岳飛小時候遇到洪水大難不死的事情。

周侗說：「老院君，聽你剛才一席話，這孩子大難不死必有後福，況且老夫看此子骨清眉秀、聰穎非凡，又如此好學，將來必是國家棟樑。老夫雖不才，卻也粗知文章武學，想收他為義子，也好悉心授他文治武功，將來便可一舉成名，不知老院君意下如何？」

姚氏感到很欣喜，但她有自己的顧慮，便說：「周老師好意，婦人豈有不知，但是我岳門只留此一脈，妾身受丈夫臨死重託，撫養他長大成人接替香火。關於義子的事情，還望老師休怪。」

周侗說：「老院君誤會了，收岳飛為義子這件事情是想教他武藝，權作父子相稱。這樣一來，叫他隨老夫學藝，一切費用皆在老夫身上，二來老夫百年之後也可得他料理後事。並無其他侈望，還請老院君三思。」

姚氏豁然開朗，說：「既如此，妾身先代亡夫謝謝了。飛兒快過來拜謝你義父吧！」

這時，岳飛從母親身後走出跪倒在周侗面前說：「義父在上，孩兒拜謝了！」

周侗捋著鬍鬚大笑道：「哈哈！老夫有望了！」

# 師從周侗，勤勉用功

這一天，岳飛正式進入周家學館，學館為此舉行了入門儀式。岳飛見案上點好了香燭，另外還有送給老師的束脩禮物，他知道這是應有的禮節，一切已由李正華代為備辦。想起李正華去年雪中送炭，始終愛護自己，岳飛不禁感動得流下淚來。

岳飛剛恭恭敬敬向著師位行禮，又拜了李正華和同門師兄，門外忽然響起了一大串鞭炮聲，吵得人連話也聽不出。

周侗剛把眉頭一皺，便有人走了進來，正是本村富戶王明王員外。後面還有兩名長工，抬著酒席和 4 大罈美酒。

王明人還沒有走進門，先就拱手笑著說 ：「昨晚小兒王貴回家，說起老師收了一位高徒，我連夜備辦了幾樣粗菜和 4 壇水酒，前來道喜。幸虧家中有現成的東西，否則，憑咱們老弟兄的交情，失了禮就不好了。」

周侗淡淡地回答說 ：「收一個門人不算什麼，連李四弟辦的這些過節，我都覺得多餘。他真心求學，我願意教他，這是咱們師徒兩人的事，將來是否成材，還要看他自己。絕沒有收人禮物的道理。你沒有必要費心了！」

王明笑說 ：「這不算是送禮。我們弟兄好久沒有在一塊兒聚了，你這位高足又是李四弟的世侄，就這機會，咱們喝幾杯。因為天氣熱，特意備了 8 個涼菜、一些鮮果。底下只有 6 個炒菜、5 個大碗，末了是綠豆水餃和饅頭，涼麵、米飯隨便用。我實在看你收了一個好高徒，心裡喜歡，你好意思給我退回去嗎？」

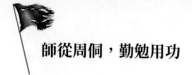

## 師從周侗，勤勉用功

王明轉過臉來，又對李正華說：「四弟，你也幫我勸一勸，算是我請你，周老師作陪，還不行嗎？」

李正華見周侗沒再開口，便笑著答：「借這個機會，暢飲幾杯，讓老弟兄聚會聚會也好。」

王明隨即問：「是不是就著早涼，到後院涼棚底下，先喝起來？」

周侗才回答：「可以吧！」

岳飛方覺周侗一直都是那麼和藹可親，對人誠懇，此時正在高興頭上，不知怎會現出厭煩神氣？忽然聽到李正華要自己向王明拜見，便恭恭敬敬喊了聲「王員外」，上前行禮。

王明一手把岳飛拉起，滿面春風地說：「老世侄！你真乖。聽說老師對你十分看重，還要把所有本事都傳給你呢！你那師兄王貴，雖肯用功，心眼卻沒有你多！以後一起同學，將來出去求取功名，你要多照應他，才顯得弟兄們的義氣。」

岳飛到了後面一看，後院地勢寬大，三面房舍，陳設整齊，比起外面那間書房要好得多。西北角土坡上，還有一座涼亭，可以望遠。岳飛心想：「老師家中人口不多，這些房多一半空在那裡，為什麼單在臨門一間教讀？」

岳飛心中不解。王明已在讓坐，一面喚岳飛過去。院中共陳列著兩桌開席。上首一桌，坐的是周老師、李正華、周義。岳飛和王明、王貴父子坐下首一桌，另外還有楊再興、徐慶、霍銳、湯懷、張憲等師兄弟。

岳飛正想那天看楊再興和周義比武的情景，周侗忽然命周義到下手一桌，把楊再興喚過來，隨即對岳飛說：「這是我的世侄，去年冬天由我的故鄉關中尋訪到這裡，在我這裡住了半年。他家傳一套六合槍很好，你就這幾天跟他學學。他快走了。」

岳飛剛起立恭答了一個「是」字，楊再興已起立恭敬地說：「侄兒大後日就要起身，所學槍法，火候太差，恐怕來不及了。最好和二弟同教岳師弟，老世叔從旁指點吧！」

　　周侗笑著說：「你當這娃是門外漢麼？他在你未來以前，早從你世弟他們那裡偷學了去。只你家傳的『亂點桃花』、『驚龍回首』的絕招不曾見過罷了。」

　　楊再興諾諾稱是。

　　王明不住地向周侗和李正華二人敬酒敬菜，對岳飛和楊再興二人也十分殷勤，不一會兒，王明便命王貴敬酒。

　　周侗說：「我們還是自斟自飲，多少隨意，比較爽快，你父子這一客套，我和四弟還不怎的，他們就吃不舒服了。」

　　王明知道周侗不喜歡俗禮，才停了禮讓。王明又叫岳飛稱他世伯，不許再稱員外。這一頓酒飯十分豐盛，一直吃到中午才罷。長工們又送上許多瓜果。

　　李正華想讓小弟兄們免去拘束，暢暢快快談一會兒，便把王明、周侗拉到上房談天去了。

　　3個大人一走，周義忙說：「這時候太陽當頂，涼棚底下還是有些烤人。我們快到房後涼亭裡去，可以隨便說笑，又涼快。」說完，周義領頭先走。

　　涼亭在一座二畝方圓的土山上，離地只有三四丈，周圍好些大樹，亭內外設有竹製桌椅。小弟兄們坐在那裡有說有笑，非常親熱。

　　岳飛見當地高柳鳴蟬，清風拂袖，大片濃蔭被風一吹，宛如滿地碧雲，往來流走。剛才的暑氣，在不知不覺中都消退了。岳飛笑著說：「這涼亭幾時蓋的，小弟常在門外走動，竟沒有看出來。」

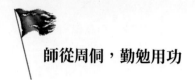

## 師從周侗，勤勉用功

楊再興接口笑說：「這涼亭地勢真好，由這裡外望，哪一面都可以看出老遠。由外望內，全被樹和房子擋住，不要說遠望，就到院子裡頭也看不出來。你平日只站門外頭，自然就看不見了。」

岳飛對楊再興本來就有好感，又知雙方只有三日之聚，少時還要向人家學那六合槍，由不得比較親熱一些。

王貴、湯懷、張憲3人因在周侗門下已經很久了，雖然多少還帶著一點富家子弟的習氣，對於岳飛卻都看重，談得很投機。

周義聰明機警，文武兩門都是家學淵源。因周侗不輕易到柳林中去，有時指點武功要訣，都把學生們喊到裡面去傳授。平日讀書習武，多由周義帶頭用功，小弟兄們都信服他。眾人暢談了一陣，不覺太陽已經偏西。

周義說：「客人此時已走了，今天是練武的日子，家父還要岳師弟練一回六合槍給大家看呢！」

王貴笑著：「岳師弟剛頭天拜師，還沒有得到傳授，只在林外偷看了幾個月，這能行嗎？」

周義早看出王貴有些妒意，微笑著回答說：「家父向來沒有看錯過人，我也不知道他的槍法學會沒有，到時再看吧！聽說還要叫楊大哥和他比對手呢！」

王貴沒有再開口。眾人同到柳林一看，周侗、李正華已經先到了，上來便叫岳飛把平日所記的槍法先練一回。

岳飛自知無師之學，以前連槍法名稱都不知道，還有點發慌，臉上一紅。

周侗笑著說：「你不要怕，我和山後楊家槍法同一門路，你在背後練時，我暗中看過，你非但把看到的全學了去，還加了一些變化，楊賢侄幼承家學，也許比你強些；周義別的還好，六合槍沒用過功，就未必是你的對手了。」隨令周義、楊再興分別和岳飛先對上一趟槍。

楊再興讓周義和岳飛先比，周義不肯，笑著說：「照我爹爹那樣說法，非但我不是岳師弟的對手，就是大哥你也得留點神呢！比別的，我還將就奉陪，這套六合槍，我實在太差，還是大哥和岳師弟對比的好，別叫我獻醜了。」

楊再興還沒有回答，便聽到周侗說：「二娃子今天居然也有自知之明，知難而退了。」

楊再興和周義世交弟兄，感情最好，聞言有些不服，便說：「我先獻醜也好。」隨手取過兩支沒有鋒尖的槍，遞了一支給岳飛。同到周、李二老面前，打了一拱，又朝岳飛說了一聲「請」，便往場中心走去。

岳飛剛才已聽說楊家六合槍的威力，認定自己不是楊再興的對手，但又不敢違抗師命，只得走向對面，躬身笑著說：「小弟實在沒有師長教過，又從來沒和人對過手，還望楊大哥多多指教，手下留情，若能把這套槍法學會，感謝不盡。」

楊再興見他謙恭和氣，彬彬有禮，回答說：「兄弟放心，你只管施展，我不會傷你的。」

岳飛連聲稱謝，先在相隔 10 步之外，雙手持槍齊眉，微微一舉，往橫裡走動了兩步。

楊再興見岳飛目不轉睛，望著自己，遲遲不進攻，神情又不像是十分緊張，連催動手，均答「不敢」。旁邊的周侗正和李正華指點岳飛說笑，好像在稱讚他，全不理會自己，心中又添了兩分不快。

楊再興見岳飛右手緊握槍把，左手虛攏著槍桿，槍尖微微下垂，望著自己，往來走動，好像不敢出手。

楊再興暗自想：「這小孩雖不會是我的對手，看他腳底這樣輕快，身法竟比王貴還穩，莫怪周世叔看重，我先逗他一逗試試。」

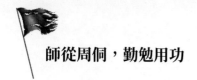

## 師從周侗，勤勉用功

於是，楊再興笑著說：「兄弟這樣謙虛，愚兄只得占先了。」說罷，連上兩步，一個「鳳凰三點頭」，化為「長蛇出洞」的解數，朝岳飛一槍當胸刺去。

楊再興這一槍，本是虛實兼用的招式，先還打算手下留情，虛點一下，然後看事行事，等比過一陣再行施展，稍微占點上風就停。不料事情出人意料，見槍尖離岳飛左肩不過三四尺光景，轉眼就非刺中不可；本心不願傷他，還未來得及把勢子收住。就這心念微微一動的瞬息之間，猛瞥見岳飛那雙黑白分明的眼睛突閃精光，彷彿具有一種威力，自己連人帶槍，已在人家目光籠罩之下。

楊再興想起周侗平日所說，忙想收勢，一團籮圈大的槍花已迎面飛來！楊再興暗叫一聲「不好」，只覺手中一震，啪的一聲，手中槍已被岳飛的槍掰碎了二尺來長一段，虎口震得生疼！

周侗說：「這不算，你們兩個重新再比。老二快給他們換槍！」

周義忙取了兩支槍，分給岳飛和楊再興二人。岳飛先沒有留意，正覺著原槍長短稱手，經周義一指，才知再興的槍雖被絞碎，自己手中槍盡頭處也快折斷。忙將新槍接過，悄悄問：「我沒想到把槍絞斷，楊大哥會怪我嗎？」

周義回答說：「哪有這樣的道理？」

周侗把楊再興喊到面前說：「你二人力量差不多，槍法還是你的熟練。不過岳飛應戰沉著，目光敏銳。你被他全神罩住，又不該輕看人家年幼，才吃了虧。這回再比，你卻不能大意呢！」

楊再興連聲應諾。見岳飛紅著張臉，有些不好意思，忙說：「我們兄弟時常比試，誰勝誰敗，都沒關係。我沒想到你的手勁會那麼大。這回再比，恐怕我還是要輸呢！」

岳飛忙說：「小弟如何能比大哥？」話未說完，楊再興已縱向對面，橫槍相待，連說了兩個「請」字。

岳飛剛把手一拱，楊再興已舉槍刺來，岳飛只得一舉手中槍，迎上前去。這兩人一個是家傳本領，人又好勝，先前一念輕敵，吃了一點虧，覺著丟人，一心想要挽回顏面；一個是聰明刻苦，肯下工夫，儘管無師之學，一招一式都從平日細心體會苦練而來，又認定不是楊再興對手，步步留心，槍無虛發，因此占了便宜。

第二次上場，楊再興自信心還很盛，後來見岳飛雖是守多攻少，但是變化無數，應付自如。岳飛所學的明明是周侗傳授，偏又多了許多意想不到的解數，上下進退，使人莫測。

楊再興心裡一緊，便把全身本領儘量施展。二人打了一個難解難分，連周侗也在旁誇起好來。

雙方打了半個多時辰。楊再興見岳飛越來越勇，自己用盡心力，想占一點上風，竟辦不到。一時情急，虛晃一槍，倏地轉身，雙足一點，往斜刺裡飛縱出去。本意這回馬槍是家傳殺手，敵人只一近身，便非吃大虧不可。哪知，楊再興人剛縱起，便聽腦後風生！斜陽返照中，一條人影已跟著縱過來了，他剛暗道一個「好」字，待要回槍刺去，說時遲，那時快！楊再興剛將手中槍連身側轉，岳飛的槍已到了身後，槍頭往下一蓋，噠的一聲，楊再興槍頭首先著地。如是真正臨敵，敵人就勢再來一槍，非受傷不可。

楊再興知道勝敗已分，只得紅著一張臉，笑著說：「我真輸了。」

岳飛也紅著一張臉說：「大哥讓我。」

楊再興走到周侗和李正華面前，喊了一聲「世叔」。周侗面色微微一沉，說：「你的槍法應該比他好，為什麼會輸呢？」

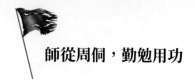

## 師從周侗，勤勉用功

楊再興不敢回答。

周侗隨即向眾人說：「按再興槍法，差一點的人決非他的對手，只是他求勝心切，氣浮了些。岳飛六合槍法雖沒有學全，但他心靈手快，又能採用別的兵器之長，加以變化。最可喜的是始終氣定神閒，目力敏銳，先占了不少便宜。這都是他平日勤敏用功，不怕苦，肯用心思而來。剛一拜門，我便叫他當眾比試，就為的是教大家看看，天下無難事，只怕有心人！多用一分心力，便有一分的收成。無論何事，千萬自恃不得。輕視旁人和粗心大意，都非給自己找麻煩不可。」

周侗見岳飛恭敬地站在旁邊，專心聽話，小小年紀，兩次打敗楊再興，非但沒有絲毫驕矜的表情，反倒帶有警惕神氣。

周侗又微笑著對楊再興說：「勝敗常事，何況自家弟兄。你還是和他再比一回，然後傳授，彼此都有長進。」

楊再興不敢違抗，只得笑著對岳飛說：「我再陪兄弟走一回。」

岳飛忙說：「小弟遵命。」

兩人這次對手，與前面兩次不同，這次雙方都懷著戒慎心理，並肩走到場中。各把手一拱，拉了個門戶，然後再說一聲「請」，便動起手來。表面上彷彿比頭兩次快，也沒有那些客套，實際上楊再興是聽了周侗的話，已知道了自己的短處，比平日對敵留心得多。

岳飛也是加倍謹慎，一絲不亂。雙方越打越快，打到急處，成了兩團槍花裹著兩條人影，在場中上下縱橫，往來飛舞，真是緊張到了極點。

到了最後，岳飛見楊再興剛讓過自己一槍，倏地一個「鷂子翻身」，迎頭就是一槍桿，彷彿有點手忙腳亂的神氣。因已連勝兩陣，不願再占上風，又不願意故意假敗，連忙橫槍一架。沒想到楊再興見他防禦周密，難以進攻，故意把槍用力掄下。等岳飛一架，就勢倒轉槍柄，往上一挑，那

手法十分敏捷。

岳飛萬萬沒有料到楊再興有這一手，百忙中覺得自己的槍微微往下一虛，知道勁已被人卸去。岳飛往後縱退，雙足還沒有沾地，一股極大的猛力已貼著自己槍桿，往上一挑！跟著連人飛起，甩出去丈許高遠，只聽嗖的一聲，一條人影突然從身後飛來，那個人輕輕地將岳飛抱住。

岳飛回頭一看，正是楊再興，便笑著說：「多謝大哥！」

楊再興見岳飛滿面笑容，神態天真，由不得心生喜愛，忙問：「你受驚了吧？」

岳飛說：「沒有」。

周侗問岳飛：「為什麼不撒手丟槍，反而被槍帶起？」

岳飛回答說：「一來楊大哥來勢太快，倘若冒失鬆手，稍微撐不住勁，便要翻倒。二來兵器乃是防身之物，不敢隨便脫手。想借他那一點勁，把弟子帶將出去，倒地再說。沒想到楊大哥身法那樣神速。要是真個對敵，弟子就凶多吉少了。」

周侗將頭微點，便命岳飛和楊再興二人暫停，吩咐周義、徐慶帶頭練習弓箭和騎術。

楊再興走後，岳飛先是早來晚去，和眾同學一齊讀書習武。到了中秋節後，周侗又命岳飛搬到周家居住，傳授他的兵法戰陣之學。岳飛天資穎悟，一點就透，周侗對他十分喜愛，可是稍微有點錯處，也決不肯寬待。

岳飛對於周侗，自是又尊敬，又感激，師徒二人親如父子。

周侗平日深居簡出，和眾學生家長極少來往。偶爾訪問李正華都在夜間。可是每隔三數月，周侗必定要出門一次，一去總是一兩個月，回時面上常帶憂容，彷彿心思很沉重。

周侗常說：「國家正當多事之秋，不久兵禍一起，河北首當其衝，

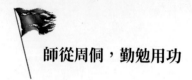

## 師從周侗，勤勉用功

河南也難倖免。你們必須趁此時光，努力用功，學成本領以為國用。若是畏難苟安，使大好光陰平白度過，到時後悔就來不及了。」

周侗以前教學，本來文武並重，學館中也極少外客登門。由岳飛到後第三年起，詩文辭章之學，漸漸不再談問，對於關河險要和行軍佈陣之法，卻是再三講解，力求詳盡。

騎射習武，也比以前特別看重。周侗在考問時，遇能自出新意、發明心得的學生，定必十分高興。

岳飛從這些情況看出了一些問題，他知道國家正處在一場生死存亡的關頭，自己一定要苦練武藝，將來好保家衛國。

# 燈下沉思，憂國憂民

　　岳飛的毅力和才華感動了周侗，周侗收下岳飛為徒，並讓岳飛做了自己的義子。之後，岳飛和王貴、張憲、湯懷等人一起師從周侗。

　　一天，在王員外家的私人學堂裡，周侗從自己的書案上拿著一本書站起來說：「從今天起，你們白天習武，晚上習文，我會把我的畢生所學一一傳授給你們。」

　　白天，院子裡烈日當空，四個徒弟都直挺挺地站著，他們渾身上下，都在流汗。

　　「現在注意，」周侗氣勢昂揚地走過來，用他洪鐘般的聲音說：「練武之人，意念必須集中。有些動作，看似簡單，但功力的深淺，便決定功夫的高低，所以各項要領，你們務必注意。現在扎馬，出拳！」

　　「嗨！」徒弟們高聲喊著，腿一邁，跨出弓箭步，擊出了他們的拳頭。

　　在學習中，四個徒弟慢慢長大。

　　這一天，岳飛正在西瓜地裡勞作，他直起腰來，抬起手臂，用衣袖揩了揩額上的汗珠。

　　「飛兒，」姚氏站在地頭的柳樹下喊：「太陽這麼大，你也歇會兒。茶來了，快來喝口茶。」姚氏一面說一面把手中的瓦罐放下。

　　岳飛在柳蔭下捧著碗，大口大口地喝著茶。

　　「慢點，飛兒，」姚氏望著兒子心疼地說：「慢點喝，這裡還多著呢！」

　　這時，遠處傳來一陣急促的馬蹄聲，急驟的馬蹄聲放緩了下來。岳飛回頭望去，一個挎著腰刀，小校模樣的軍官正從馬上跳下來。那軍官一面

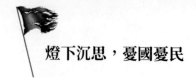
擦汗，一面去柳樹下拴了馬。

「小兄弟，在下想討碗茶喝。」那小校一邊說，一邊朝岳飛走過來。

岳飛拿起碗，給他滿滿地倒了一碗茶。

小校接過茶，咕隆咕隆地喝了下去。

「敢問將爺從哪兒來？」岳飛淡淡地問。

「兄弟實在別問了。」那小校嘆息著，不住地搖著頭。

看著那小校的神色，岳飛擔心地問：「怎麼啦？難道朝廷在軍事上有什麼失利嗎？」

「一言難盡哪！」小校說：「小兄弟也許知道，燕雲 16 州，自從被石敬瑭割給契丹，怕是快 200 年了。兄弟是個種地的，我也不怕給你饒舌。當今聖上決計收復沉陷多年的 16 州，與金國簽訂『海上盟約』，共同伐遼。」

「後來方臘在兩浙叛亂，聖上派主持盟約的童樞密前去鎮壓。他聽說遼國已經知道宋金盟約之事，怕遼人乘機報復，竟深悔前約，當金國派人來催促朝廷出兵時，朝廷竟有意拖延，直到八月，才向金國草草回了封國書，以致女真人心懷怨懟。」

岳飛說：「國家大事，怎麼可以這樣草率。」

小校說：「如果說草率，還有更草率的呢！去年正月，金人攻克了遼的中京大定府，遼國天祚帝狼狽而逃，遼國留守燕京的耶律淳自立為帝，遼分裂敗亡已成定局。」

「聖上考慮若再不出兵，燕京勢必再陷金人之手，便派童樞密和種經略帶兵攻燕，沒想到二人誤以為遼人大勢已去，王師一到必降，根本不作戰鬥準備，結果遭到遼兵襲擊，竟被打得大敗而逃。」

岳飛嘆道：「聽說種經略也算是一代名將，怎麼會如此糊塗？」

小校說：「糊塗？糊塗的事多著呢！去年十月，金人攻入大同，天祚帝逃進了沙漠，燕京的耶律淳也病死了。遼國涿州的守將郭藥師和易州的軍隊乘機內附，這事本來對朝廷十分有利，誰知統兵的劉延慶指揮的部隊毫無進展。」

「虧郭藥師率小部襲擊，攻入了燕京，而劉延慶的部隊竟跟不上去，沒有援兵，郭藥師率部巷戰後只好退出燕京。劉延慶看到盧溝橋北岸的火光，認為是遼人來攻，竟燒了自己的營寨，爭先逃命，軍器輜重，丟失無數。」

岳飛聽罷，說：「怎麼會是這樣，難道整個大宋，就連一個將才也沒有嗎？」

小校說：「那倒未必，只是有能之人，當權者不信任，他們相信的，又全是無能之輩。」

當天晚上，岳飛在燈下陷入了沉思，在一旁做女紅的姚氏抬起頭來，望著兒子問：「你在想什麼？」

岳飛說：「我在想那位小校的話，為什麼皇上會那麼昏庸。」

姚氏說：「兒啊！你還小，還年輕，要想今後能報效國家，現在就要多學點本事，娘不希圖你的榮華富貴，但娘希望你將來能功成名就。」

岳飛點了點頭，從那時起，岳飛就萌發了遠大的志向。

# 高超箭術鎮群匪

在宋朝，下層學子主要是靠科舉考試來擠入上層社會，改變社會地位，像漢、唐人那樣透過從軍遠征來建功立業幾乎是不可能的。

從趙匡胤陳橋兵變以來，朝廷就一直奉行重文輕武的政策，軍人不被重視，士卒被稱作「赤佬」，為防止他們逃跑，他們的臉上要被刺上字，就像是受了黥刑的囚犯一樣。人們都害怕從軍，逃之唯恐不及。

岳飛在師父周侗的精心指導下，武藝突飛猛進，可以拉開 150 公斤的硬弓，在奔馳跳躍的馬背上左右開射，百發百中。

周侗還教岳飛研讀《孫子兵法》，以及《左傳》等古代歷史書籍中所記載的戰例。他常常教導岳飛道：「用兵打仗不只是靠勇敢、拚死力，那是匹夫之勇，不值得稱道。更重要的是要靠智取。如果運用得當，就能以少勝眾，以弱勝強！」

學藝期間，周老先生還領著岳飛遊山觀景，欣賞大好河山。從此，在岳飛幼小的心靈裡，便播下了熱愛國家的種子。

有一年，縣裡舉行比武考試，周老先生聽說後便領著年僅 16 歲的岳飛到縣裡應試。

岳飛年輕英俊，武藝精湛。射箭時，百步穿楊，箭箭命中，贏得了應試的武童和看熱鬧的百姓的齊聲喝彩，紛紛拍手稱絕。經過縣考，岳飛名列前茅，心裡非常高興。

考場歸來，年近 80 歲的周侗得了重病，不久便離世了。岳飛悲傷至極，不禁放聲痛哭。從此，岳飛每逢初一和十五，都要到周侗墓前祭拜，並在這裡打一趟拳或練一趟棍，以示對恩師的懷念。

當時，相州安陽縣有一個世代富貴的大戶家韓府。早先韓琦歷任宋仁

宗、宋英宗和宋神宗三朝宰相。他的長子韓忠彥又在宋徽宗初年任宰相。韓家既是皇親，又有許多貴戚。在宋朝的上層，幾乎處處滲透著這個豪門大族的勢力。

宋時律法有「官守鄉邦」的禁令，就是本地人不准在本地做官。但是，為顯示宋朝的特別恩寵，韓琦和長孫韓治、長曾孫韓肖冑都先後擔任相州的知州。

為炫耀衣錦榮歸，韓琦在安陽縣築晝錦堂，韓治築榮歸堂，韓肖冑又築榮事堂。韓肖冑在 1119 年，接替了他的父親韓治，繼任相州知州。

韓肖冑當時 40 多歲，在他的 4 年任期內，岳飛作為一個不足 20 歲的青年，自湯陰縣來到毗鄰的安陽縣，當了韓府的佃客。

宋朝佃農的地位低賤，法律甚至明文規定：「佃客犯主，加凡人一等。」而地主殺害佃農，可以不必償命，所以有的「富人敢於專殺」，甚至視佃農的性命如草芥。

岳飛因無田地生活困苦，不得已辭別母親到安陽租種韓府的田地，當了佃農。

岳飛和其他佃農一樣，雖勤勞至極，但生計看來仍相當艱窘。有一天，岳飛去韓府借糧食，恰逢張超率幾百名盜匪包圍了這座韓府。

「這幫天殺的賊寇，竟然膽大包天，搶劫到本官的家裡來了。」韓肖冑氣憤至極。「莊子突然被包圍，連個送信搬救兵的都出不去，難道是天絕我韓家，天絕我韓肖冑？」韓肖冑心裡想著，「該怎麼辦？」

「宣冑，莊丁們都已派出去保衛莊子了嗎？」六神無主的家主突然大聲召喚著本莊管家。

屬韓氏一族旁系遠親，年約 20 許的韓宣冑連忙恭謹回道：「啟稟家主，莊丁們早已經各盡其責，嚴陣以待，只是……」

「說話怎麼吞吞吐吐的，只是什麼？」

「只是那凶名昭著的張超本身武技強橫，今次又來勢洶洶，恐怕這些普通莊丁難以抵禦呀！」

「那也得頂住，告訴莊丁們，莊破就是玉石俱焚的結局，不管死傷多少，一定要給我頂住。」

就在這時，副管家韓福急匆匆地由外面小跑進來，由於韓家平時等級森嚴，因此韓福先是略微停頓整理了一下衣衫，這才輕聲稟報導：「啟稟家主，韓福求見。」

獲准進入客廳，韓福掩飾不住滿臉喜色地言道：「恭喜家主，賀喜家主！」

韓肖冑沉聲說：「都到這當口了，還能有什麼喜事？快報來。」

「是，家主。那個匪首張超，以及他那幾個心腹手下，方才已經被一個叫做岳飛的佃戶給射死啦！其餘那些匪眾群龍無首，魂飛魄散之下現在也都一哄而散了！」

「什麼？此事當真？」

「不敢欺瞞家主，此事千真萬確。」

手撚鬚髯的韓肖冑不禁仰天長笑，繼而又喃喃低語道：「想不到一個泥腿子竟然還有如此高超的箭術，真是天佑我韓家。」

原來，岳飛見到韓府被強盜圍住，便憑藉自己的高超武藝，攀登上牆垣，引弓一發，利箭直貫張超的咽喉，張超當場斃命。幾百名盜匪群龍無首，立刻潰散而去。

在養尊處優的韓家子弟眼裡，本來絕無一個普通的青年佃客的位置。這次意外的突發事件，使他們都認識了岳飛。

岳飛解救了主人的危困，但韓府似乎也並沒有對他另眼相看，更沒有厚待岳飛。岳飛受盡煎熬，眼看困頓的生活無邊無涯，他寄身異鄉、益發思念母親。最後，他不得不下定決心，離開安陽，返回湯陰。

# 應募投軍，為民除害

宋徽宗在位期間，過分追求奢侈生活，他重用蔡京、童貫、高俅、楊戩等奸臣主持朝政，大肆搜刮民財，窮奢極侈，荒淫無度。

當時，活躍在宋朝北方的女真族興起於今黑龍江、松花江流域及長白山地區，唐朝時稱黑水靺鞨，女真族以漁獵為生。

遼朝統治者長期向女真人索要珍珠等寶物。遼朝的兵馬川流不息地穿過女真部落，魚肉女真百姓，終於導致女真族反抗。

1115 年農曆正月二十八，女真領袖完顏阿骨打稱帝建國，國號大金。金國建國後，展開滅遼之戰。

金太宗即位後，女真貴族最後滅遼朝，又立即準備發動侵宋戰爭。他們看穿了宋朝的虛弱本質，認為宋軍是比遼更不中用的對手。

至於中原地區豐盛的物產，都市生活的繁華，統治者的無數金玉珍寶，更使女真貴族垂涎三尺。宋朝作為當時世界上經濟和文化高度發展的農業社會，正面臨著一場空前的劫難。

宋徽宗君臣眼看遼行將被新興的金所吞滅，便採取聯金滅遼的政策，企圖收復後晉石敬瑭割讓的燕、雲等 16 州。

1122 年，宋朝兩次集結時稱戰鬥力最強的陝西軍北伐。當時遼朝退守燕、雲地區，居然將宋軍打得一敗塗地。最後，仍由金軍攻占燕、雲地區，宋朝只能出重金高價，才買回幾座空城。

為了應付財政危機，以宋徽宗為首的朝廷對內大肆搜刮，向人民加派許多苛捐雜稅。

岳飛從韓府返回家鄉湯陰後，遭逢這種兵荒馬亂的年景，生計更加艱

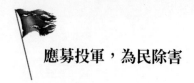

## 應募投軍,為民除害

窘。經全家再三商量,認為憑藉岳飛的一身武藝,出外當兵,還算是一條謀生之路。

1122 年,岳飛正好 20 歲,已達成丁之年。年逾古稀的外祖父姚大翁很鍾愛岳飛,他得知岳飛準備投軍,便想方設法請來一位名槍手陳廣,教授岳飛槍法。經過一段時間的刻苦訓練,岳飛槍法精熟,湯陰全縣並無對手。

當年秋天,真定府有一位文臣新知府上任,名叫劉韐。

按照當時重文輕武、以文制武的體制,真定知府兼任真定府路安撫使,統轄真定府、相州等六個州府的軍務。前線第二次征遼的敗報傳來,劉韐感到惶恐,他擔心遼軍乘勝侵入,便臨時招募了一批「敢戰士」,岳飛也在應募者之列。

劉韐在檢閱應募者時,他很快看中了隊伍中的一個青年,這個青年頭顱頗大,方臉大耳,眉宇開闊,眉毛較短,雙目炯炯有神,身材中等偏高,極其壯實,生就一副雄糾糾的勇士氣概。他便是岳飛。

劉韐問岳飛:「你能使用哪種兵器?」

岳飛回答說:「我能使用弓和弩,又能使用刀、槍、劍。」

劉韐又問:「能挽多強的弓。」

岳飛回答:「能挽 300 斤,用腰部開弩八石。」

按宋朝軍制,「弓射一石五斗」,已算武藝超群,可選充「班直」,當皇帝的近衛。北宋武士挽弓的最高紀錄也只有三石。可知岳飛的挽弓能力已至登峰造極的境地。

「武藝出自誰人指點?」劉韐接著問。

「箭術學於周侗,技擊學於陳廣。」

「可會寫字作文章?」

「幼時在家曾讀過幾年村校，粗通文墨。」岳飛冷靜地回答。

在接下來的談話中，岳飛申述了自己誓死保衛鄉土的決心，劉韐當即任命他為小隊長。意氣風發的岳飛滿懷報國熱情，他終於可以實現自己的抱負了。

岳飛雖然被招進了劉韐的敢戰士隊伍，但這離他操戈上戰場的理想還有一段距離。

當時，相州有一股「劇賊」，其首領是陶俊和賈進，他們「攻剽縣鎮」，殺掠吏民，成了一方禍害。

岳飛請求為故鄉除害，獲准後，他讓一部分士卒喬裝改扮成商人，往土匪的營寨去「經商」。匪徒正四處抓丁，擴充隊伍，以應付官軍的圍剿，見了這幫精壯的「商人」，自然求之不得，一個個抓將起來，強令入夥。

岳飛又命百名官兵事先埋伏在山下險要處，自己則親領幾十名騎兵至土匪營寨前叫戰。匪眾見岳飛人少，大開寨門，一湧而出，希望一舉擒獲。

岳飛稍稍招架了幾個回合，假裝寡不敵眾，掉轉馬頭就跑。匪眾哪知底細，隨後緊追。到了山下伏擊圈內，只聽得一聲號令，伏兵四起，緊緊圍上，岳飛也返身殺回，一場惡戰，匪眾死傷大半，餘下的扔掉器械，紛紛投降。

潛入匪徒營寨的官兵乘著空虛，四處縱火，搗爛了匪窩。匪首陶俊和賈進驚慌失措，想騎馬逃走，被絆馬索絆倒，當場被俘。岳飛大獲全勝，押著俘虜，載著戰利品，凱旋而歸。劉韐大喜，對岳飛的智勇大加讚賞。

不久，岳飛參加了宋金聯合攻打遼占燕城的戰鬥。當時，遼在金的不斷打擊下，已奄奄一息，燕城守備空虛。宋軍有十幾萬兵馬，加上遼常勝

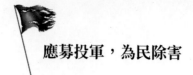

## 應募投軍，為民除害

將軍郭藥師率 8,000 多兵馬投降，在兵力方面占絕對的優勢，攻取燕京本是唾手可得的事。

但是，北宋長期壓制軍隊所造成的弊端，在這關鍵時候馬上就表露了出來。將帥鮮勇寡謀，士卒紀律渙散，全無鬥志，與遼軍稍一接觸，就潰不成軍。

郭藥師向宋大將劉延慶提議，應在遼援軍沒有趕來前襲取燕城。畏敵如虎的劉延慶左思右想後，同意了這個計劃。

於是，郭藥師率領 6,000 精兵乘夜過蘆溝，突襲燕城。岳飛率領自己的敢死隊一馬當先。城上守兵拚命往下放箭，擲石塊和掀滾木。

岳飛英勇殺敵，硬是靠雲梯攀上城牆，將守兵殺死，打開城門，宋軍遂攻占了燕京外城，但劉延慶卻遙相觀望，拒絕增援，致使遼援軍趕到，與城內守軍夾擊宋軍入城部隊，使之幾乎全軍覆沒，只有岳飛等少數官兵拚命殺開一條血路，棄城逃回。

金人透過這次戰鬥，看出了宋軍的不堪一擊，於是在 1125 年，滅遼之後，乘勝追擊，兵分兩路，向北宋大舉進犯。

西路由宗弼率領，自雲中直逼太原。遭到太原軍民頑強抵抗，被牽制在那裡不能南下與東路軍會合。東路軍由斡離不率領，在宋降將郭藥師的引領下，長驅南下，直撲北宋首都開封。

宋朝內部一片混亂，史稱「朝廷震懼，不復議戰守，唯日謀避狄之計」，意思是說根本不考慮如何迎敵，一心只想逃跑，以避開金人的猛攻。

# 岳母刺字「精忠報國」

岳飛在敢死隊中立了大功，接替韓肖冑的相州知州王靖向上司申報，保舉岳飛為從九品的承信郎。

由於朝廷財政拮据，也把不屬於正式編制的敢戰士裁撤，王靖的保舉狀就成了一張廢紙。

宋朝因商業繁榮，縣以下有鎮、市一類小工商業點。鎮的地位高於市，市可升為鎮，鎮可升為縣。

岳飛回家後當了游徼，游徼類似現在的巡警，因為工作沉悶，岳飛不免借酒澆愁。

有一回，岳飛竟然酗酒滋事。姚氏得知後，便嚴加訓斥。岳飛本已懊悔，又一向孝順老母，他鄭重地向姚氏保證，從今不再喝酒。

岳飛決定再一次投軍，而且下決心說不把金人趕出中原，誓不還鄉。

可是，岳飛感到此去前途吉凶難測，而母親年事已高，長子岳雲年方7歲，而二子岳雷出生才只有幾個月，老老小小指著他來養活，這個家庭需要他來頂門立戶，兵火戰亂之後，這個小小的家庭也是百廢待舉呀！他能這樣一走了之嗎？

岳飛心事沉重地來找母親說：「母親大人，金人滅中國家，屠我父老，燒我家園，兒同他們不共戴天，兒想再次投軍，殺敵報國，只是……」

「殺敵、殺敵，你先把俺們娘兒幾個殺了吧！」還沒等他說完，妻子劉氏把話搶了過去，「你也不想想，你一走，這地誰來種？莊稼誰來收？老的老，小的小，吃喝穿戴誰來管？你去當兵，吃皇糧，穿號衣，讓我

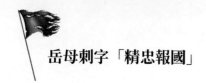
們娘兒們留在家裡凍死、餓死呀？」

岳飛深深地嘆了口氣：「夫人說得有理，可是岳飛不去投軍，就只有留在家裡做亡國奴，早晚不是被金人抓去，也是被金人殺死，與其那樣死去，倒不如一刀一槍，死在戰場上！」

劉氏譏諷道：「連皇帝都救不了這個國家，你有多大本事？還不是白白送死！」

岳飛說：「如果人人都這樣想，那就只好聽憑金人宰割了！」

這時，岳飛的母親姚老夫人一揮手道：「不用說了，飛兒說的是對的，沒有國，哪來的家！你放心地去吧！家裡的事有娘支應！」

岳飛一下子撲倒在這深明大義的老母親膝下，哽噎著喊了一聲：「娘！」

母親命令道：「把你的上衣給我脫下！」

岳飛有些莫名其妙，但他還是順從地脫掉了上衣，裸露出了他那結實的脊背。岳飛立即跪倒，伏下身來，以背朝天。

姚夫人捧來了筆墨。母親深情地撫摸著岳飛那平坦的背部，然後在上面寫了幾個字。「精忠報國。」母親拔下了頭上的銀簪，沿著那字跡刺了下去。

岳飛的心潮如大海般波濤洶湧。岳飛的母親姚氏原來不過是個普通的農家老婦，沒讀過聖賢之書，沒受過國家尺寸之恩，可當國家處於危亡關頭，她表現出了多強的民族大義啊！

想到這裡，岳飛激動得不禁渾身哆嗦起來。

忽然，母親的手停住了，岳飛感到一滴滴灼熱的水珠砸到他的背上，他知道那是母親的淚水。

母親聲音顫抖著問：「兒啊！扎得疼嗎？」

岳飛答道：「娘，不疼，你扎吧！」

那一針針，不只刺在岳飛的肌膚上，更刺在岳飛的心頭上，成為他一生力量的源泉，行動的準則。就這樣，岳飛背負著慈母的熱望，告別了故鄉，義無反顧地走上了抗金救國的疆場。

從宣和六年冬到宣和七年十月，這是金軍南下前的沉寂期，岳飛和妻子劉巧住在平定軍的廣銳軍營。軍政的惡濁使他憤慨，軍風的腐敗也使他憂慮。

岳飛自幼聽到不少有關三國時期關羽和張飛的民間故事，民間故事雖然誇張失實，卻達到了「樵夫牧稚，咸所聞知」的地步。關羽和張飛成為岳飛十分崇拜的英雄偶像。

當時，戰場上已經發生了風起雲湧的變幻，而這些，岳飛看在眼裡，憂在心裡。

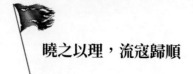

# 曉之以理，流寇歸順

　　1126 年，康王趙構奉朝廷之命，在相州設大元帥府，並派樞密副史劉浩在民間招募義勇兵，岳飛第二次參軍。他以前剿匪及攻打燕京時的勇敢善戰使趙構十分重視，立即命他去招討流寇吉倩。

　　劉浩當即便命令岳飛說：「咱們駐地西邊的山寨裡，住有一股游寇，頭目叫吉倩，他們騷擾附近的百姓且不說，還經常攔截官軍的糧草，偷盜兵營的軍馬，為害不淺。我撥給你騎步兵 200 名，你立即去將他們剿滅。」

　　當時在黃河北岸、太行山麓一帶，流竄著一股股的武裝人馬，人們稱之為「游寇」。

　　岳飛知道這些人，他們幾乎全都是宋軍士兵，由於戰敗潰逃，脫離了大軍，既沒處領糧，又不能返回故鄉，成了散兵游勇，他們便結夥為伴，百十成群，有時公開攔路搶劫，有時明火執仗入戶強取，成為滋擾地方的一害，給官軍的行動也帶來不少麻煩，是該肅清。

　　岳飛靈機一動，回答說：「末將用不了那麼多的人，只帶三四個隨從便足夠了。」

　　劉浩覺得岳飛有點逞能，便說：「強中自有強中手，打仗是性命攸關的事，可來不得半點兒戲。」

　　岳飛說：「這個末將自然明白，不過末將以為，對他們根本用不著動刀動槍，他們本是朝廷的官兵，只因為兵敗無依，沒法生活，才幹起這等營生，只要對他們示以朝廷的厚恩，曉以國家大義，他們必然會歸順朝廷的。」

劉浩點了點頭，說：「你的話有道理，能不打自然更好，不過這種人反覆無常，也不可太相信他們。吉倩手下有四百多兵眾，你只帶三四個人肯定太少，撥給你的騎步兵你還是都帶去，他一看朝廷的官軍人多勢眾，沒准歸順得會更快些。」

岳飛笑著說：「其實人多反倒不妙，他一看大隊人馬，必定以為是來剿滅他們，他們能抗就抗，不能抗就逃，說不定咱們會白跑一趟，只要4個人便可以了。」

劉浩見岳飛說得那麼有把握，便依了他。

吉倩的隊伍駐紮在50多公里外的一個小山村，岳飛他們趕到那裡時，天氣已近傍晚，在村口望風的哨兵發現了他們，一聲尖厲的口哨，立刻衝出數十名士兵，將他們團團包圍起來，一個個拔刀露劍，張眉怒目。

岳飛神色自若地說：「我叫岳飛，奉了武翼大夫劉浩將軍之命，向你們的吉首領傳個話兒，請問哪一位是吉首領？」

一個30多歲的人撥開眾人，走上前來道：「在下便是，你有什麼話要講？」

岳飛向他作揖施禮，然後說道：「現在朝廷蒙難，百姓遭殃，正是有志男兒為國效力之時，眼下天下兵馬大元帥康王正在相州招兵，我們劉將軍知道吉首領和各位將士都是好漢，特派岳某來請眾位歸營。」

吉倩沉吟道；「我們也是被迫無奈，不然誰願幹這傷天害理的勾當，只要朝廷肯收留，回去倒是一條正路，不過，這事我還得同弟兄們商量一下。」

岳飛說：「這是自然。」

正說著話，忽覺一絲涼風襲來，岳飛料到有人暗算，機敏地向旁邊一閃身，一個大漢已經惡狠狠地撲到了他的跟前。

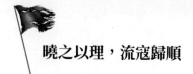

岳飛一把將他揪住，說：「好漢，有話好說，別傷了和氣！」

那大漢罵道：「呸！休要花言巧語，看劍！」

說著一柄劍已直向岳飛刺來，岳飛並不閃躲，只一伸手，便托住了那大漢的手腕，順勢一扭，然後往前一推，說了聲：「去！」大漢便跟跟蹌蹌退去好幾步以外，頹然倒下。

吉倩連忙上前道歉道：「岳將軍休要見怪，我們這位兄弟脾氣毛躁點！」接著，他大聲問道：「兄弟們，岳將軍的話大家都聽到了，你們意下如何？」

兵眾們紛紛叫道：「願意歸順朝廷！」

吉倩說：「看來這是人心所向，大家回去收拾一下，明天一早出發！」然後，他對身旁一名士兵說了幾句什麼，那士兵點點頭，匆匆去了。

吉倩對岳飛說：「請岳將軍和這幾位將士今晚就在小寨裡委屈一夜，明天率我們去投劉將軍吧！」

岳飛的一名隨從扯了他的衣襟，悄聲道：「還是現在就走吧！免得夜長夢多！」

岳飛沒理睬他，反而對吉倩說：「我們兄弟這幾匹馬，請吉倩首領吩咐人給加點料吧！」說罷首先將韁繩遞了過去。

這時，剛剛離開的那名士兵又回來了，說道：「晚宴已經擺好！」

吉倩說：「荒野山村，沒什麼好東西招待，只有些野味，給岳將軍和幾位將士接風！」

酒宴設在大山間一塊不大的平坦場地上，天已經全黑了，場地中央燃起了一堆篝火，在晃動的火苗中，周圍的群山、樹叢越發顯得模糊昏暗，深不可測。

岳飛他們只有 5 個人，而陪宴的倒有好幾十人，岳飛的隨從不免有些

緊張，悄聲提醒道：「只怕這是一場鴻門宴，大哥小心！」

岳飛卻不予理睬，坦然入席，酒過幾巡之後，他解下隨身佩帶的寶劍，卸下了鎧甲，笑道：「穿戴這些玩意，飲酒太累贅！」

吉倩見狀大聲說：「岳將軍是大丈夫，沒把我們兄弟當外人，咱們也都卸掉傢伙！」

吉倩一帶頭作出表率，幾十個人也都將刀劍丟棄一旁。這一頓酒宴吃得特別痛快，直至月落西山，繁星消逝才盡情而散。

第二天一大早，岳飛便率了吉倩的 380 名兵士回歸大營。

岳飛由於立了這一功，被提升了從九品的承信郎。岳飛出手不凡，他的名聲很快在軍營中傳了開來，不只劉浩對他另眼看待，連天下兵馬大元帥趙構也知道了他，便指名讓他率鐵騎 3,000 人，南下李固渡去查探敵軍的佈防。

與此同時，在戰場上的形勢對宋軍越來越不利，太原府城自宣和七年被圍以來，宋將王稟誓死固守，並且反對和制止了知府張孝純的投降企圖。金軍猛攻不下，只能採取長圍久困的戰術，修築一道城牆，圍住了太原城。

靖康元年三月至五月，宋朝命抗金強將種師中和姚古分兵兩路，前往救援；六月至八月，又命劉韐、解潛、折彥質、折可求和張灝分兵三路，再往救援。由於宋軍兵力不集中，各部又互不協同，金軍以逸待勞，予以各個擊破。

壯烈的太原守衛戰堅持了 250 多天，守城將士糧盡力竭，幾十萬居民大都餓死在城內，金軍得以在九月攻陷府城，王稟力戰殉難。

太原府的失守，使西路完顏粘罕軍得以南下，與東路完顏斡離不軍會師。

在宋朝方面，則因號稱最精銳的陝西的主力軍在兩次解圍戰中耗折殆盡，開封的陷落已成為定局。

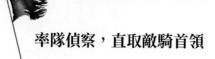

# 率隊偵察，直取敵騎首領

　　李固渡在滑州境內的黃河北岸，這裡是金人占領之地。岳飛率領3,000健兒，穿過敵人層層防線，一直深入至敵軍的腹地進行偵察。這個全副武裝的部隊在宋時被稱為「硬探」。

　　在一個叫侍御林的地方，岳飛的部隊又與一隊金兵撞上了，有了上一次的經驗，他對金兵已摸到點兒底，更何況這次他手下的人大大超過這一小股敵人，他一馬當先，一刀便砍死了金兵的一名將官，其餘金兵為之喪膽，紛紛逃竄。

　　前面就是黃河了，岳飛的偵察任務至此已經完成，他可以回營交差了，可是岳飛還不想回去。

　　他佇立在黃河大堤上，遙望對岸，對岸不遠處便是陷入敵手的京師開封，想起金人的囂張氣焰，岳飛不禁怒氣填膺，他決心繼續前進，將開封周圍的情況也摸清楚。

　　冬季的黃河被嚴冰封凍，馬蹄在起伏而又光滑的冰面上艱難地行進著。

　　突然，南岸大堤上出現一隊敵騎，人數大大超過了岳飛的人馬。敵將一看到黃河上的這一支宋軍，立刻呼叫著揮眾前來截擊，雙方就在黃河上展開了一場血戰。

　　岳飛縱馬直取敵騎的首領，那敵將也不示弱，揮刀響應，可戰了幾個回合，雙方的戰馬都滑倒了，岳飛乾脆棄馬步戰，敵將也被迫下馬迎擊。

　　冰上打仗，實在吃力。既要應付敵手，又要小心腳下，戰不多久，雙方都氣喘吁吁，大汗淋漓了。敵將果然頑強，他左騰右跳，使得岳飛很難

接近他。

　　惱得岳飛性起，乾脆卸去頭盔，四刃雙錫向冰上一點。如箭一般向敵將滑去，敵將還未來得及閃躲，便被岳飛撞倒在地。冰面太滑，他掙扎了好一會也未能爬起來，只好仰面朝天，團團旋轉著身體，以刀抵擋岳飛。

　　岳飛一劍揮去，與敵刀相撞，閃出耀眼的火星，再一看，敵將的大刀已被撞得卷刃斷裂，岳飛順手一劍，敵將的胸口頓時變成了一個血窟窿。

　　這一仗下來，宋軍大獲全勝而歸。岳飛因此又被升為秉義郎，秉義郎是宋朝武職官的第四十五階。

　　由於對賣國投降路線不妥協的態度和殺敵報國心切，岳飛在抗金戰爭的最初階段曾幾遭挫折，歷經坎坷，幾乎丟掉了性命。然而，他的出色的軍事才能受到了愛國名將宗澤的器重，而宗澤赤誠的愛國之心也給岳飛以極大的教育。

　　當時，宋朝大勢已去。回顧北宋的滅亡史可以看出，從一開始宋朝的統治者就實施綏靖政策，放棄了抵抗，這是造成宋朝滅亡的最直接原因。

　　最先，按照宋、金「海上盟約」的規定，是由宋方出兵去攻打燕京和大同府。

　　攻下之後，石敬瑭割讓給遼的燕雲十六州就全部成為北宋的領土。但宋軍進攻燕京之役，兩次都遭到失敗，大同府和燕京兩地全都是由金軍攻克的。

　　這說明，宋朝並沒有履行所承諾的任務。可是，在金軍攻占這兩地之後，宋朝卻不但要把燕雲 16 州之地收歸自己的統治之下，還要把長城的東端也據為己有，宋朝竟連平、營、灤 3 州也向金方交涉索取。

　　經過再三交涉，金主才答應把燕京及其附近的 6 州之地交與北宋，北宋則必須在原定「歲幣」數目之外，每年再向金朝交納現錢 100 萬貫。

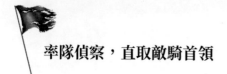

## 率隊偵察，直取敵騎首領

約定之後，女真貴族就把燕京及其附近 6 州的金銀布帛等所有浮財以及壯丁美女都席捲而去，北宋付出了這樣高的代價，而實際所獲得的，卻只是幾座空城。

宋廷派遣了大量的官員、大量的軍隊去駐守燕京及其附近的 6 州，而為了供應這些官員和軍隊的糧餉，每月要從河北、山東、河東等地輸送米糧 10 多萬石。

路途較遠的，送糧人畜沿途吃住盤費，有的要 10 多倍於所送之數。另外還要供應衣物和軍需物資。這使得上述各地民間的人力物力，都被盤剝到山窮水盡的地步。

從宋軍兩次攻打燕京的過程當中，從宋、金交涉交割燕京的過程當中，女真貴族們已經看穿了北宋政權在政治上的腐朽和軍事上的無能。

到 1125 年，金兵把遼的末代皇帝捉獲之後，立即掉轉矛頭，乘勝向北宋進行大規模的軍事侵犯。

金兵的西路軍在太原城下遭受到河東軍民的堅強抵抗，長時期被阻止在那裡。東路軍到達燕京時，北宋派去駐守燕京的官吏和軍隊全部投降，所以又從燕京長驅而南。

當年年底，平日只知歌舞昇平的宋徽宗竟嚇得不省人事，被大臣們用藥灌醒。

在性命與皇位不能兼得的情況下，最後狠心捨棄後者，索來筆墨，抖抖嗦嗦地寫下退位詔書，讓太子趙桓繼位，即宋欽宗，自己則帶著一幫寵臣連夜逃往鎮江避難去了。

新即位的宋欽宗也幾次臨陣退縮，均被堅決主張抗金的大臣李綱及汴京軍民所阻攔。

東路金兵在 1126 年春渡過黃河，包圍了開封，並向北宋政府提出了

以下幾項要求：納黃金 500 萬兩，銀 5,000 萬兩，牛馬萬頭，絹帛百萬匹；尊金帝為伯父；把燕雲兩地之人一律遣返原籍；把太原、中山、河間三鎮和三鎮所轄州縣、人民割歸金朝。

金朝還宣稱，只要北宋政府答應了這些要求，金軍就解開封之圍北歸。

當東路金軍渡過黃河包圍開封的消息傳到各地的時候，駐守陝西的宋軍急忙東下救援，各地的鄉兵和人民也自動組織起來向開封集中。這些部隊陸續到達開封城下，也分別給予金軍一些打擊。而且直到此時，黃河北岸的一些重要城鎮，還都是宋兵在駐守著，他們也很可能出而阻截住金軍的歸路。

南下的金軍統帥懷著種種的顧慮，其南犯部隊又遭受到北宋官民「勤王軍」的打擊，因而便在暗自考慮儘早從開封撤退的事。

無奈昏瞶、怯懦的北宋最高統治集團，對這一形勢都看不清楚，已經到了金軍撤退的前夕，他們卻答應了金方割地賠款的全部要求。

北宋王朝雖然把太原、中山、河間三鎮的土地人民全部出賣，這三鎮諸州縣的人民，卻都自動集結起來，決不甘心落入女真貴族的統治之下。

斡離不於 1126 年農曆二月率領其南犯軍北歸之後，並不能憑靠宋王朝的無恥諾言而把這三鎮占領。

這一情況反映到北宋朝廷之後，究竟應否割讓三鎮的問題，也成為北宋最高統治集團中爭論不休的議題了。

於是女真貴族們再一次以兩路大軍南犯，要把北宋王朝乾脆征服。

粘罕率領的西路金軍，是在 1126 年農曆九月攻下太原的。

這年十月，東西兩路金軍一齊南下，在宋廷君臣議論未定之時，又先後渡過黃河，包圍了開封。這時候，堅持抗戰的李綱等人，和他們所修治

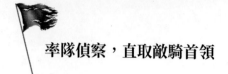

的戰守之備，都已被罷免、被廢除了，各地前來救援開封的官軍民軍，也被宋廷以無法供應糧餉為理由，而一律加以制止，或令其返回原地了。

因此，在兩路金軍合圍了開封之後，宋廷用以保衛這座首都的大將，是一個自稱能施行六甲神術，可以生擒金的二將，並且能夠襲擊金軍直至陰山為止的郭京，士兵則是郭京選擇的年命合於六甲的一些市井遊惰，共7,777 人；另外還有一些自稱「六丁力士」、「北斗神兵」或「天闕大將」的人。

除此以外，則只有皇帝的衛士和城中的弓箭手了。這樣的防禦措施和實力，最終的結果，是閏十一月開封城被金軍攻陷。

接著，趙桓就向金主上表投降。金主接到這份降表之後，把趙佶、趙桓父子都廢為庶人。而在此以前，趙佶、趙桓父子早已先後被拘留在金軍的營寨中。

接著，金軍的二帥透過北宋文武大臣中的敗類，在開封城內一次接一次地搜刮金銀、絹帛、書籍、圖畫、古器等物，並依照北宋王朝皇族的譜牒，把其中所有居住在開封的男女老幼近 3,000 人，一律拘押在金軍營寨當中。

1127 年，金兵在占領開封 4 個月後，俘獲了宋徽宗和宋欽宗二帝後回到北方，至此北宋正式滅亡，這就是歷史上著名的「靖康之難」。

靖康之變導致北宋的滅亡，深深地刺痛漢人的內心，岳飛後來在〈滿江紅〉中提道：「靖康恥，猶未雪，臣子恨，何時滅！」這是何等的心痛與無奈啊！

# 「歸田」路上遇知己

在宋徽宗和宋欽宗二帝被擄北上一個月以後，1127年農曆五月初一，21歲的趙構在南京應天府。今河南省商丘縣稱帝，改元建炎，南宋政權至此成立，趙構是南宋的第一個皇帝，史稱宋高宗。

為了重新組成一個稍具規模的政府，作一個要抗金復仇的態勢，他登基不久，就起用了主戰最力，並且在抗金戰爭實踐中立過戰功的李綱做宰相。

這年六月，經過李綱推薦，用宗澤去做開封留守。原在河北、陝西等地的將領玉淵、劉光世、韓世忠、張俊等，也都先後領兵到達歸德，趙構在即位後就設置一個御營司加以統轄，命副宰相黃潛善兼御營使，同知樞密院事汪伯彥兼副使，以王洲為都統制。

被趙構任用為他的首任宰相的李綱，在一年以前的開封保衛戰中，曾一度擔任過軍事最高指揮官。

他一貫主張抗擊女真軍南侵，他負責指揮保衛開封的戰役，雖然為時未久，就被北宋王朝所罷免，後來開封的陷落，正從反面證明了李綱的抗戰部署之正確。因此，他在當時成了最具眾望的人。也因此，在他做了宰相之後，重建的宋政權立即建成了一個粗具規模的政府。

當北宋首都開封被金軍攻破之日，河北、河東還有許多州縣並沒有被金人所占領。

這些州縣，有的是由北宋政府軍隊固守著，有的則是由自動糾集起來的忠義民兵固守著的。

金軍之第二次撤離開封北返，趙構之所以能到應天府登基，這些州縣軍民的抗金戰爭是起了一定作用的。

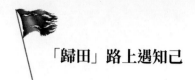

## 「歸田」路上遇知己

李綱很清楚地看到了這一點，所以，在他上台之後所提出的中興宋王朝的建議中，認為最急切的，是控制河北、河東兩路。

在他的建議之下，宋廷派遣張所去做河北招撫使，派遣傅亮去做河東經制副使。

李綱的主要用意，就是要把河北、河東的忠義民兵盡快地加以組織領導，不要使他們長時期得不到統一的領導、指揮和調度，得不到糧餉和其他物質支援，最終為金軍各個擊破。

宗澤受命去做開封府的知府並兼東京留守之後，首先把全城和四郊劃分為東西南北四區，每區各選用謀略勇敢之士充提領，在四郊，創立堅固營壘 24 所，各設統領守禦將官，統率新招義兵數萬人，在新置教場內，練兵講武。

在黃河沿岸的 16 縣內，宗澤還像魚鱗般創置了聯珠寨，以便與河北、河東的忠義民兵相結連，防止來犯之敵。

這樣，開封就形成了宋政權重建後恢復兩河失地的一個戰略基地，陝西和開封以東以西諸路的正規軍和非正規軍，也全都願意聽從宗澤的號令和節制。

女真貴族兩次以大軍南犯時，不但蹂躪了河東、河北地區，覆滅了北宋政權，塗炭了開封及其附近州縣，他們還縱兵四處劫掠。

在此情況下，民族矛盾已上升為主要矛盾，階級矛盾已降居次要地位了。於是，前次在各地起而反抗北宋政權的農民軍，便也大都把鋒芒轉向女真的南侵鐵騎。

原來活動在淮水流域約有 70,000 人的王再興、李貴兩支部隊，原來活動在擺州一帶，擁眾號稱數十萬的王善一支；原來活動在洛陽附近，擁眾號稱 30 萬的沒角牛楊進的一支，都先後歸附在宗澤的領導之下，願意在反擊女真南侵的戰爭中，效勞聽命。

從此，宗澤擁有了上百萬人馬，軍聲大震。

同樣受到李綱的推薦而被用為河北招撫使的張所任監察御史時，力主抗戰，用蠟書號召河北路人民參軍殺敵，在當地有相當高的威望。宋高宗即位後，他是監察御史，曾上疏力主把重建的宋政權仍遷回開封，以便控製作為天下根本的河東、河北地區。

另外，他對於當時已經哄傳的宋廷將要南渡的計劃，極力反對，因而對於提出南渡主張的黃潛善也曾加以彈劾。

張所雖因此而被罷免了官職，後經李綱力爭，才恢復官職。但他卻也因此而在社會輿論上獲得很高的聲譽，特別是在河北地區，用當時人的話說，是「聲滿河朔」。

李綱積極貫徹抗戰路線，卻遭到執政黃潛善和汪伯彥多方掣肘和刁難。按照宋制，如中書侍郎、樞密院長官等執政地位僅次於宰相，卻與宰相合稱宰輔或宰執大臣。黃潛善和汪伯彥堅持遷都東南，以圖苟安一隅，這正中宋高宗的下懷。

當時，岳飛處於黃潛善的羈束之下，接連幾個月無仗可打，悶悶不樂。他當然沒有資格瞭解朝廷的許多謀議與爭論。但是，從相州逃到北京，又從北京退至南京，皇帝的車駕愈走愈往南的事實，元帥府按兵不發，聽任宗澤孤軍作戰的事實，使他不能不逐漸地明白，朝廷顯然並無認真抗金、收復失地的遠圖，只是一味地消極地怯戰和退避。

趙構的登基給當時正在進行艱苦卓絕抗金戰爭的軍民以新的希望，他們希望新皇帝能立即返回開封，領導全國的抗金戰爭。

岳飛也是這樣想的，他興奮地說：「陛下登基，百姓便有了歸屬，國家便有了新的主人，這便足以挫敗敵人併吞中國的陰謀，中原失地的收復便指日可待。」

可是，岳飛完全想錯了，趙構根本就不打算收復國土，自然也不想再

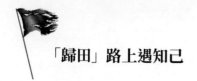

## 「歸田」路上遇知己

回到兵火之後的開封。臭名昭著的投降派，副宰相黃潛善及汪伯彥之流，迎合趙構的心思，竭力主張將首都遷到長江以南的建康，即今南京，立即得到趙構的同意。

當年七月，宋高宗下詔說：「京師未可往，當巡幸江南，為避敵之計。」

這引起愛國臣民的激烈反對，這就等於將中原大片失地，北方上千萬黎民百姓，故都開封以至皇家趙氏的墳塋祖廟都拱手讓給了金人。

面對朝廷的不抵抗政策，岳飛忍無可忍，憤然上書，嚴厲抨擊了黃潛善、汪伯彥之流，指出他們的遷都主張是苟且偷安，鼠目寸光，必然遭到中原人民的反對。

在書中，岳飛堅決提出，請皇帝返回開封，乘徽、欽二帝被擄北去未久，敵人統治尚未穩固的時機，親自統率大軍北伐。

像這樣指名道姓的直斥奸佞，義正詞嚴的愛國主張，大大觸怒了黃潛善與汪伯彥之流，於是他們以「小臣越職，非所宣言」的罪名，革掉了岳飛的官職，強迫岳飛離開軍隊「歸田裡」。

心懷報國壯志，一再立功疆場的岳飛，此時竟被趕出了軍隊。應天府南京待不下去了，岳飛只好渡河北上，準備返鄉。沿途之上，他看到了到處張貼的榜文，這是河北招撫使張所正在招募抗金健兒。

岳飛知道張所，他原來在朝廷任監察御史，極力反對遷都江南，並上書彈劾黃潛善「奸邪不可用」，遭到黃潛善、汪伯彥之流的忌恨，被貶出朝廷。

共同的主張，共同的遭遇，使岳飛把張所引為知己。他相信，如果投奔到張所的屬下，一定能實現自己的報國之志。想到這裡，他興奮起來，竟顧不了順路回家去探望一下老母幼子，便直奔招撫使司所在的河北大名府。

湊巧的是接待岳飛的是趙九齡，他是岳飛前不久在應天府南京新結識的一個朋友，此人很有才智謀略，岳飛時常向他請教，他也很瞭解岳飛的軍事才能和戰功，認為岳飛是「天下奇才」，於是當即向張所推薦。

張所是北宋抗戰的著名代表，當時受宰相李綱的委派，在河北一帶招募民兵，積蓄力量準備抗金。他見岳飛身材魁梧，氣宇軒昂，很是喜歡，促膝長談，非常投機。

張所問岳飛說：「你武藝如何？能搏擊多少敵人？」

岳飛徐徐答道：「我很自信自己的武藝，但並不認為這匹夫之勇有什麼了不起。用兵之道貴在運籌帷幄，而不在於逞兇鬥狠。來校用曳柴詐敗之計打敗強楚，莫敖靠採樵誘敵之法擊潰絞人之圍，這些全靠的是智謀，而不是個人的匹夫之勇。」

張所一聽肅然起敬，讚歎道：「原來你並非一介武夫啊！不知你對當今形勢有何看法？如何才能扼守黃河呢？」

岳飛侃侃談道：「京師的安危全看河北諸郡的鞏固與否。我們當在所有險隘處建立要塞，互成依仗之勢，如果任何一城受到威脅，其他城塞就會趕來相助，並且伺機騷擾敵人的後方，這樣的話，敵人就不敢窺視黃河，京師也就高枕無憂了。」

接著，張所又向岳飛詢問對當前戰局的看法。

岳飛指出，國家以開封作為京都，可它處於平原曠野之上，無山川險阻拱衛，完全依靠河北這個屏障才能保證它的安全，因此河北地位至關重要。如果河北不能為我所有，不只京師難以守衛，連江淮也十分危險。

岳飛建議張所將河北一些戰略要地牢牢控制在手中，再在一些城市嚴密佈防，如果一個城市被圍困，別的城市或阻擋敵人，或來救援，這樣不只河北可保，京師也就安全了。

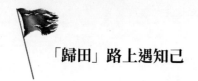

## 「歸田」路上遇知己

　　岳飛的一席話讓張所佩服得五體投地，連連點頭稱是。

　　岳飛見遇到了知己，不禁慨然請求道：「張招撫如果能提兵巡境的話，岳飛願一馬當先，供你調遣！」

　　張所喜出望外，立即授岳飛武經郎職，命他隨已歸順的另一反金將領王彥北渡黃河，挺進新鄉。

　　當時，在金朝統治區內抗擊敵軍的，並不止王彥和岳飛兩支隊伍。女真統治者瘋狂掠奪和殘酷統治，激起了各族人民如火如荼的反抗戰爭。

　　燕山府的劉立芸聚眾起義，攻破城邑。他告諭民眾說：「吾欲致南北太平。」起義者紀律嚴明，「蕃、漢之民歸者甚眾」。

　　薊州玉田縣爆發了楊浩與智和禪師領導的起義軍，隊伍發展到10,000餘人。

　　易州的劉裡忙年僅18歲，他領導的起義軍也有一萬多人。他們把截山險，邀擊金軍，對金朝形成一定威脅。

　　從河北路的北部到南部的相州，很多民眾自動組織武裝，結成的山寨達50多處，每寨不下30,000人，人們奮起反抗女真貴族的統治。

　　河東路代州五台山的和尚真寶率領一支義軍，同強敵周旋，寧死不屈。

　　在文水縣，石赤頁率領的隊伍占據山險，屢敗金軍。石赤頁堅持戰爭8個月，被完顏粘罕軍所俘，釘在車上，臀部插入利刃，以施加肢解的酷刑相威脅，石赤頁毫無懼色。

　　完顏粘罕親自勸降，石赤頁厲聲回答：「爺是漢人，寧死不降！」終於被害。

　　宋太原府將官楊可發在繁峙縣招集20,000多人的隊伍，以五台山僧李善諾等為先鋒，遭完顏粘罕大軍的攻擊，義軍戰敗，楊可發刺腹自殺。

解州的邵興、邵翼兄弟團聚義兵，占據神稷山抗金。金兵俘虜了邵翼，企圖脅迫邵興投降。邵翼大罵敵人，慘遭殺害。邵興誓不投降，屢次痛擊金兵。

在建炎初年的北方民眾抗金戰爭中，除了王彥的八字軍外，力量最強、影響最大的還有河東紅巾軍和河北五馬山起義軍。

河東紅巾軍看來不是一支統一的隊伍。宋時百姓起而造反，或為盜匪，往往「私制緋衣巾」。女真貴族無法對付神出鬼沒的紅巾軍，只有屠戮無辜的平民以洩憤，結果是「亡命者滋益多，而紅巾愈熾」。

河北西路慶源府贊皇縣有一座山，山上聚集一支起義軍，由馬擴和趙邦傑指揮。他們用高宗之弟信王趙榛的名義作號召，組成號稱幾十萬人的武裝。

金朝真定府獲鹿縣知縣張龔也起兵響應。劉里忙、楊浩、智和禪師等領導的燕雲地區起義隊伍，也和五馬山建立了聯繫。

在東北的金太宗御寨，有幾千名被驅逐北上的漢族奴隸。他們以上山砍柴為名，置辦長柄大斧，計劃舉行起義，並劫持金太宗，殺過黃河。由於叛徒的告發，起義被扼殺，首謀者都遭金人殺害。

以漢族為主體的各族人民的抗金戰爭，毫無疑問，是正義的進步的愛國主義壯舉。抗金戰爭作為民族戰爭，參加的社會成員相當廣泛。

抗金義軍的領導者，如王彥、馬擴等人，本是宋朝的官員，而邵興等人來自民間下層，也接受了宋朝的官封。因此，北方各族人民的抗金戰爭不免和保衛趙宋王朝糾纏在一起，成了無可避免的特點和缺點。

在宋朝統治者中，如何對待北方的民間抗金武裝，也形成兩條對立的觀點。宋高宗、黃潛善、汪伯彥等投降派，一方面害怕金朝，另一方面也害怕和憎惡義軍武裝。

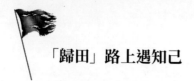

## 「歸田」路上遇知己

　　特別是五馬山的抗金義軍，既以信王趙榛作號召，被視為對宋高宗的皇帝寶座構成威脅，更遭到宋高宗君臣之疑忌。

　　李綱、宗澤等抗戰派，為了恢復趙宋的故土，洗雪國恥，則十分重視民間抗金武裝，主張依靠北方的義軍抗金。

　　李綱罷相後，鎮守東京開封府的宗澤事實上成為抗金的中心人物。兩河、燕雲等地的抗金健兒渴望接受宗澤的領導和指揮，宗澤也迫切需要他們的支援和配合，雙方建立了廣泛的聯繫。

# 鬥智鬥勇，攻占新鄉城

建炎元年的九月下旬，在都統制王彥的率領下，統制官岳飛、張翼、白安民等 11 人，以所部 7,000 人，渡過黃河去進攻金軍。

當時，河南新鄉有金人重兵駐守，見宋軍渡河，就乘勢猛攻，想把宋軍一網打盡。

王彥見狀，心裡害怕，傳令停止前進，高築壁壘，準備死守。岳飛幾次請戰，都被拒絕，不由氣憤地說：「我們本來就是找金寇打仗的，如今卻畏敵不前！如果圖安全的話，何必到前線來呢！」

王彥也惱了，說：「你要找死的話，我可以讓你去！」

岳飛立即率領 1,000 多名士卒，迎著氣勢洶洶的金軍殺了過去。金軍急忙分兵圍截，竟被岳飛打得潰不成軍。

金軍又聚攏起來圍追堵截，再次被岳飛突破，如此反覆了好幾次。岳飛一馬當先，所向披靡。宋軍士氣大振，個個奮勇殺敵，竟一鼓作氣攻下了新鄉。

宋軍攻占新鄉，這等於孫猴鑽進了牛魔王的肚子，金軍自然不會善罷甘休，馬上調兵遣將，蜂擁而至，想把立足未穩的岳飛置於死地。兩軍在侯兆川相遇，展開激戰。

岳飛身上 10 餘處受傷，仍堅持戰鬥，士卒也拚命死戰，終於擊退數倍於自己的敵人。

當天晚上，宋軍官兵整夜都全副武裝，並且就這樣睡著了。他們實在太累了，自從與王彥分兵以來，他們一直與圍追堵截的金軍四處周旋，已經好幾天沒有休息了。

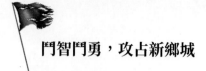

所以，戰鬥一結束，他們沒吃飯，甚至連傷口也來不及包紮，就倒頭睡著了，他們以為金軍剛被打敗，不會馬上再來。

不料，在宋軍睡夢正酣時，忽然傳來警報，說大批金軍來劫營，宋軍士卒驚得睡意全消，躍身而起，陷入一片恐慌之中。他們全擁至岳飛帳前，等候岳飛的吩咐。

岳飛沒有出來，帳篷內傳來有節奏的鼾聲。宋兵們拿著刀，責問帳前軍史：「軍情如此緊急，你們怎麼不通知首領？」

軍吏放聲大笑，說：「首領有令，讓大家回去安心睡覺，不必害怕，金寇不會來的！」

宋兵疑惑地散開了，但都了無睡意，抱著槍，守在備好鞍的戰馬旁準備戰鬥。

其實，岳飛自己並沒睡著。接到警報時，岳飛心裡也很擔心。宋軍連續作戰，已疲憊不堪，對有備而來的金軍，很難取勝。逃跑已經來不及，很快會被追殺。

一番權衡後，岳飛決定冒險效法諸葛亮的空城計。金軍連日來已被岳飛殺得膽顫心驚，見宋營一片寂靜，懷疑其中有詐，怕中埋伏，就悄悄撤走了。

岳飛長吁了一口氣，急忙傳令拔營。連日征戰，岳飛糧草很快沒有了，就到王彥營中求借。王彥對岳飛的連連取勝不僅不感到高興，反倒覺得如芒刺在背。

當初放岳飛出去，原是讓他去送死的，至少讓他碰碰壁，接受金人的教訓，然後回來服服帖帖地聽自己調遣，不再與他的閉壘自守、畏敵如虎的政策作對。

但岳飛卻堅持了下來，頻頻告捷，這豈不等於向世人昭告他王彥的膽

怯無能嗎？

於是，王彥冷冷地對岳飛說：「糧草我倒是有，但自己要用。你有本事獨立行動，就沒有本事搞到糧草嗎！」

這時王彥身邊的一名幕僚在手心上寫了字，向王彥展示，

是個「殺」字，王彥沒有理睬，對岳飛說：「你違反軍紀，按罪當殺，可你離開我這麼久之後，還能回來認錯，勇氣可嘉。現在國運艱難，人才難得，我也就不同你計較了，你好自為之吧！」

岳飛強忍不快，說：「王將軍，我們都是為大宋江山，當互相支持幫助，分什麼你我？」

王彥冷笑了一聲，隨即說道：「這麼說，你的功勞可以記在我的名下了？」說完竟拂袖而去。

岳飛無奈，只好率領所部到了太行山一帶，依靠當地民間抗金組織，與金軍展開周旋，又取得了一些勝利。

在一次戰鬥中，岳飛俘虜了勇猛彪悍的金軍大將拓跋耶烏，在另一次遭遇中，又刺殺了敵將黑風大王。

但是岳飛由於孤軍作戰，糧草不濟，沒能堅持多久，最後只得殺出重圍。

不久，王彥受命總管河東、河北軍事，決定重新招回岳飛，令他去守衛榮河。

岳飛對王彥拒他於千里之外一事一直耿耿於懷，沒有接受王彥的調遣，率兵渡過黃河，直奔開封，投奔開封留守宗澤去了，岳飛又一次違反了軍令。

岳飛與王彥之間的對立，其實也反映出了當時南宋內部對待戰爭的兩種態度。

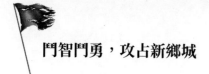

## 鬥智鬥勇，攻占新鄉城

　　王彥是河內人，在少年時就喜歡讀兵書，更喜歡騎馬、射箭等事。後來投身軍隊，曾跟從涇原路經略使種師道兩入夏國，立有戰功。

　　張所對王彥的才勇也很賞識，在受命為河北招撫使之後，讓王彥做都統制。

　　他還多方面收攬一些英勇的人才，多方面佈置著反擊女真南侵軍的一些具體措施，並且決定把招撫使司設置在大名府，以便深入河北腹地。

　　張所是十分認真地要在抗金戰爭中作出貢獻的。不幸的是，做皇帝的趙構儘管起用了抗戰派的李綱做宰相，儘管也採納了李綱的有關政治、軍事的一些建議，然而他本人卻從來不曾有過認真抗擊金人、收復失地、報仇雪恥的打算。

　　趙構所最親信、聽從的，是一心想把新建的宋政權遷往南方，一心向著對金屈服退讓的黃潛善、汪伯彥二人。

　　當張所還在開封招集將士時，黃潛善、汪伯彥就提出彈劾說：把招撫司設在大名府是不合適的。對於傅亮，也在他準備工作尚未就緒之時，就被汪伯彥說成是故意拖延，黃潛善也在趙構面前說他的壞話，於是，還沒有等傅亮引兵渡河，趙構就下令把河東經制司廢罷了。

　　後來，殿中侍御史張浚又迎合著黃、汪的意旨而論奏李綱犯了十幾項罪狀，使得李綱在做了 75 天的宰相之後，終於又為趙構罷免；李綱在職期內所建立施行的所有事務，也一齊歸於廢罷。

　　隨著河東經制副使傅亮以母病告歸，河北招撫使張所被貶謫到嶺南。張所到嶺南不久，即因病而死。然而張所對岳飛的賞識和知遇，早已使岳飛滿懷感激不盡之情。

　　幾年之後，岳飛已被升為帶兵的大將，因為立了一次戰功，南宋朝廷要授予他的兒子岳雲一個官銜，岳飛特別為此上疏奏請，把這一官銜讓給了張所的兒子張宗本。

# 機動靈活，屢戰屢勝

　　岳飛離開王彥後，王彥收集散亡的部眾，共得 700 餘人，轉入共城縣的西山去據險紮營。

　　他派遣心腹去與「兩河豪傑」進行聯繫，以圖再舉。這支部隊的全部成員，為表示抗金的決心，都在面部刺上「赤心報國，誓殺金賊」8 個字。

　　因此，人們就把這支部隊稱作「八字軍」。沒有多久，河北、河東的忠義民兵營寨中，有 19 個營寨的首領，如傅選、孟德、劉澤、焦文通等，都響應了王彥的號召，兵眾達 10 多萬人，綿亙於數百里內，金鼓之聲，彼此都可互相聽到。西至並、汾，北至相、衛，凡已聚眾結寨抗金的，也都秉受王彥的號令和指揮。

　　在河北的女真軍事首腦們，把王彥的部眾視為勁敵，雖屢次以大兵犯其營壘，卻敗多勝少。他們有時也想再渡河南犯，卻因受到王彥部隊的牽制，總不敢貿然把這一心願見諸行動。

　　後來宗澤把王彥函約到開封，和他商議說，在河北擾亂敵人的心腹極重要，但為了使皇帝趙構敢於再回到開封，加強開封的保衛力量，卻更為重要。

　　他希望王彥能夠把已在日益擴大的「八字軍」調往黃河南岸，以增強那裡的防禦能力。王彥按照宗澤的意見，率領八字軍全部人馬，和部分忠義民兵首領焦文通等人，南渡黃河，把部隊部署在黃河沿岸，完全聽受東京留守宗澤的指揮。宗澤向皇帝趙構上疏奏陳此事，並薦舉王彥作河東、河北制置使。

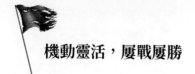

## 機動靈活，屢戰屢勝

岳飛自從率部自為一軍以來，他的部隊卻不能像王彥的部隊那樣日益充實壯大。當他聞知八字軍的軍聲大振，並且已經渡河歸宗澤統率之後，他單身匹馬到王彥的軍營中去認罪。

宗澤是北宋末年有名的抗金派領袖人物，原任天下兵馬副元帥，岳飛第三次投軍的劉浩部隊，便歸宗澤領導，因此，他也算得上是宗澤的舊部了。

岳飛是第一次來開封這座歷史名城，自五代以來，開封便是梁、晉、漢、周幾朝的都城，宋太祖趙匡胤登基，也定都於此。開封曾經是岳飛少年時代嚮往的地方，沒想到會在戰亂之際來到這裡。

自從金人兩次躁動之後，開封宮樓殘破，市井凋零，完全失去了昔日的繁華景象。宗澤駐開封後，招集來天下義軍，分區把守，街道上有兵將列隊行走，練武場上傳來陣陣的喊殺之聲，給城市平添了幾分生氣。

在太行山苦戰了幾個月，吃盡了苦頭的岳飛，一見到這種景象，禁不住心情激動起來。

岳飛安頓好了部隊，單身去拜見宗澤，當他正匆匆行走時，忽聽有人喊道：「這不是抗命不遵的岳飛嗎？將軍正要派兵去拘拿他呢！倒送上門來了！」

在新鄉城之戰後，岳飛擺脫了都統制王彥的領導，而擅自以所部自為一軍，這是背離長官，按當時的軍紀說來，是一樁異常嚴重的罪行。

現在距離在新鄉城外脫離王彥的日期，雖然已經有了幾個月的間隔，然而，當日岳飛的決絕態度，使得王彥還不能釋然於懷。

岳飛一看，原來是王彥部下的幾個頭目，岳飛舊的同僚。幾個人不由分說便將他抓住直送王彥大營。

王彥此時奉宗澤之命，負責守衛京師，見到岳飛，他生氣地說：「你兩次違反軍令，軍法難容，不要怪我無情！」

說罷，喝令推出去斬了。

岳飛被五花大綁押赴刑場，他好不懊惱，他本來是要獻身衛國的疆場的，難道就這樣窩囊地死去嗎？

正在這千鈞一髮的時刻，正巧被巡視三軍的宗澤遇見了，他看到一個即將被處斬的年輕將領，覺得有些眼熟，一打聽才知道原來是隸屬於他部下的岳飛。

對於岳飛出色的戰績，宗澤是早有瞭解的，一直以為他是一個人才，再看他現在，雖然死到臨頭，依然是昂首挺胸，全無頹喪怯懦之態，不禁讚歎道：「真有點英雄氣概呀！」

宗澤向監斬的軍官問明了被斬的情由，也覺得是個必死的罪名，可現在國家多難，正是用人之際，他雖然意氣用事，可還是心向朝廷，便連忙命令給岳飛鬆了綁，對他說：

「按照軍法，你是不應當被赦免的，現在大敵當前，我就不追究你過去的罪過了，今後你一定要多多為國立功！」

岳飛深深感激宗澤的寬恕之恩。

建炎元年十二月，金兵的軍事首腦們在河北聚議，要再次南犯。

當時，金兵已經第三次南下，一部分進犯胙城，一部分則已乘隙南渡，西犯汜水。

汜水是京師的咽喉，戰略地位十分重要，宗澤當即任命岳飛為「踏白使」，即突擊隊長，率領 500 騎兵前去抵抗金兵，並且叮囑他說：

「我看你是很有作戰本領的人，所以特地派你去迎敵，現今是你奮勇立功的時候了，可是也不要輕率從事。」

岳飛如同蛟龍得水，他率領騎兵，風馳電掣般地直奔前線，一舉擊退了敵人的進攻。當他凱旋回到京師開封時，宗澤立即升他為統領。

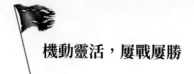

## 機動靈活，屢戰屢勝

後來又經過幾次戰役，岳飛又被提升為統制。這表明宗澤對他是越來越器重了。

岳飛雖然在氾水一帶初戰告捷，整個軍事形勢依然非常險惡。金軍在中原作戰，往往是盛夏休兵，而於秋冬弓勁馬肥之際用兵。

此次建炎元年的冬季攻勢，金軍幾乎是傾巢而出，分兵三路。

東路由「三太子」完顏訛里朵和元帥左監軍完顏撻懶任右副元帥，此軍直下京東。

西路由完顏婁室和完顏撒離喝率領，攻打陝西。

中路有左副元帥完顏粘罕和元帥右監軍完顏穀神指揮，進犯京西。東、西兩路軍都占領一些州縣，而中路軍作為主攻部隊，攻勢尤其凌厲。

完顏粘罕軍直取西京河南府，又占領鄭州，親自同宗澤所率的東京留守司軍對陣，他又命部將完顏銀術可等分兵繼續南下，焚掠京西很多州縣，企圖從南面包抄開封。

完顏兀朮也率兵向開封進逼。宗澤的東京留守司軍瀕臨四面受敵的險境。

從1128年春，在東京開封府所屬及其毗鄰的州縣，宋金雙軍進行了劇烈的拉鋸戰。一支宋軍被打敗了，另一支宋軍又接踵而戰。

一些地區得而復失，一些地區又失而復得。宗澤坐鎮東京留守司，從容地調動軍隊，部署戰鬥。正月裡，開封市民張燈結綵，一如往時。這與一年前的景況，形成鮮明對照。在艱難的搏戰中，宗澤表現出了非凡的大智大勇。

滑州是開封的北方門戶，爭奪戰打得最為激烈。宗澤先後派將官劉衍、張撝為、王宣和趙世興率部前往迎戰。經過反覆較量，宋軍將士支付了相當大的犧牲，張撝為也英勇戰死，終於牢牢地保住了滑州城。

岳飛從當年正月開始，也參加了滑州的戰鬥。他接連在胙城縣、衛州汲縣西的黑龍潭、龍女廟側的官橋等處獲勝，俘虜了一個姓蒲察的女真千夫長，在宗澤麾下保持了「每出必捷」的記錄。

金軍這次猛烈的進攻已至再衰三竭的困境。

河北、河東等地抗金義軍配合宗澤，廣泛出擊，擾亂了金軍的後方。

翟興和翟進兄弟指揮義兵，在伊川的皂礬嶺、轤道堰等地戰敗敵人，收復西京河南府。

陝西民兵首領孟迪、種潛、張勉、張漸、白保、李進、李彥仙、張宗等，兵員各以萬計，也奮起抗敵。

李彥仙率領人馬收復陝州，同翟興會師。

同年四月，金軍終於撤退，各路宋軍乘機收復一些州縣。在艱難百戰之後，宋金軍力的對比有了一定的變化，宗澤的抗金措施初見成效。極度緊張的戎馬生活暫時休止，使宗澤有暇去研討各次戰鬥的成敗得失，以便再戰。

在北宋以前，指揮戰爭的人，很少按照一定的模式擺佈陣式。諸葛亮的八陣圖雖被後代所盛誇，但並不見後代的將帥真的依照八陣圖列陣作戰。

但到北宋期內，不論皇帝或是將帥，對於用兵佈陣的方式卻日益重視起來。宋太宗趙光義就曾為了與遼作戰，親自繪製了一幅「平戎萬全陣圖」以授大將，使其按圖佈陣。

宋仁宗趙禎在位期間所編寫的《武經總要》，既把「古陣法」都繪製成圖，也把「大宋八陣法」都繪圖說明，並在《陣法總說》中強調按圖佈陣的重要性，說：

孫武云：「紛紛紜紜，鬥亂而不可亂；混混沌沌，形圓而不可破」，不用陣法，其孰能與於此乎？

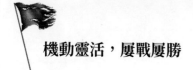

　　但佈陣形式在作戰時果真具有這樣決定性的作用嗎？《武經總要》的作者對此也不能作出全稱肯定的答案。

　　因此，他在文中還做了這樣的伏筆：「故廢陣形而用兵者，敗將也；執陣形而求勝者，愚將也。」

　　宗澤是進士及第的，是以一個儒生而擔任了東京留守的。當他做磁州知州的時候，每逢戰事，每當下一道軍令，還要先去乞靈於崔府君的神靈。

　　儘管李綱對宗澤的這種迷信行為解釋說，這是他沿用古代兵家「用權術，假於神，以行其令」的做法，但終於表現出他是一個比較迂腐的人。

　　宗澤的軍事謀略都是從書本上得來的。他對按照一定模式佈陣的傳統作法，更不想加以改變。

　　當他看到岳飛雖然屢立戰功，然而每次作戰都不肯遵守兵書成法時，便拿了一份《陣圖》給岳飛，並勸告他說：

　　「你的智勇才藝，雖古良將不能過，然好野戰，這卻不合古人兵法。現今你還只是一個偏裨將領，這樣做尚無不可，今後如做了大將，這卻決非萬全之計。我勸你對這本《陣圖》中所列舉的各種陣式，仔細研究一番，供今後作戰時參考。」

　　岳飛把《陣圖》接受下來，認真翻閱了一遍，然後回覆宗澤說：

　　「留守所賜《陣圖》，我通讀了一遍，裡面都是一些固定的陣式。古代和今天不一樣，平地和險要的地方不一樣，怎樣能夠按照固定的模式一成不變呢？用兵之法，最主要的在於出其不意，攻其無備，才能取勝，若於平原曠野，突然與敵人相遇，怎能來得及按圖佈陣呢？況且，我今天是以裨將聽命麾下，帶兵不多，如按固定陣式擺佈，敵人對我軍虛實即可一目瞭然，如以鐵騎從四面衝來，那就要全軍覆滅了。」

宗澤問：「照你說來，難道陣法就不需要了嗎？」

岳飛回答說：「佈陣作戰，這是一般的打法，不是不可以用，但不能過分拘泥，運用得巧妙與否，還在因時因地制宜，靈活掌握。」

宗澤想了想說：「你的話是對的。」

岳飛所說「運用之妙」的「妙」，也就是我們現在所說的「靈活性」，它「是聰明的指揮員的出產品。靈活不是妄動，妄動是應該拒絕的。靈活，是聰明的指揮員，基於客觀情況，『審時度勢』而採取及時的和恰當的處置方法的一種才能，即是所謂『運用之妙』。基於這種運用之妙，外線的速決的進攻戰就能較多地取得勝利，就能轉變敵我優劣形勢，就能實現我對於敵人的主動權，就能壓倒敵人而擊破之，而最後勝利就屬於我們了。」

在岳飛與宗澤對話時，他所說出的「運用之妙」一語，當然沒有上述話那樣豐富的涵義，但是，透過他們二人這番對話，可以充分證明，當時年輕的岳飛，在戰爭中學習戰爭，透過幾年來的戰鬥實踐，不但在指揮作戰方面已經體會出一些極為高明的道理，已經有了敢於突破陳規和傳統作法的真知灼見。而且還具有堅強的自信，敢於向上級官員陳述他的見解，從而使所謂的儒將宗澤，透過這次對話也受到了極大的啟發和教益。

宗澤在開封留守任上，在修造了大量的防禦工事，召集了大量的兵將之後，就接連不斷地向趙構上書，請他「回鑾」到開封去，不要作遷都東南的打算。

可趙構不予理睬，終究把宋廷從歸德遷往揚州，並準備再從揚州渡江南遷，宗澤卻依然把一封封奏章送往揚州，堅持要趙構「回鑾」開封。

從建炎元年七月起，到建炎二年六月止，宗澤籲請趙構「回鑾」的奏章，共有 24 封。

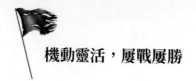

## 機動靈活，屢戰屢勝

宗澤這些奏章的內容，除了堅決主張皇上還都開封之外，還涉及抗擊金人入侵兵馬的一些軍事佈置和規劃。

例如，他看到趙構在建炎二年正月所下解散勤王兵的詔令中，有「遂假勤王之名，公為聚寇之患」兩句，他就在自己的第十四封奏章中說道：

> 今河東河北不隨順番賊，雖強為剃頭辮髮，而自保山寨者不知其幾千萬人。
>
> 諸處節義丈夫，不敢顧愛其身而自黥其面，爭先救駕者，又不知幾萬數也。

今陛下以勤王者為盜賊，則保山寨與自黥面者，豈不失其心耶？此語一出，則自今而後，恐不復有肯為勤王者矣！

在第二十封奏章中，他向趙構報告了他部下的兵將都披瀝肝膽，表示了「共濟國事」的強烈願望。

在第二十一封奏章中，他又陳述道：如果還不乘此大好時機「回鑾」開封，那就勢必要渙散了百姓的忠義之心，沮喪了億萬人民的敵愾之氣，「則天下危矣！」

宗澤這些奏章的內容，是要藉以激發趙構、黃、汪等人的報仇雪恥的志氣，不要再那樣地害怕金軍，一意南逃。

卻不料結果適得其反，趙構、黃、汪在最初還用準備回鑾等類的假話來敷衍他，到後來，乾脆就不予理睬了。

宗澤這時已是 70 歲的老人，在吶喊得聲嘶力竭而仍不見轉機之後，他的報國熱忱都變為憂國鬱悶。他憂憤成疾，疽發於背。

當他知道自己的生命快要終結時，便召集岳飛等部將們到他身旁，要他們堅持不懈地致力於光復國家的大業。

他握著他們的手，沉痛地說：「老夫本來沒有什麼病，只因國家這奇恥大辱，憂憤成疾，抗金復國的大業只有寄希望於諸位將軍了，只要諸位將軍能為國雪恥，老夫死而無憾。」

接著，宗澤淚流滿面地吟誦著杜甫的兩句詩 ：「出師未捷身先死，長使英雄淚滿襟。」

岳飛被宗澤崇高的愛國情操感動得熱淚沾衣。

1128 年農曆七月十二日，宗澤終於與世長辭，他在停止呼吸之前，還連聲高呼 ：「過河！過河！過河！」

面對這悲壯的場面，岳飛暗下決心，一定要為實現宗澤的遺願而殊死戰鬥。

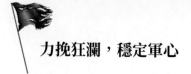

# 力挽狂瀾，穩定軍心

　　北宋滅亡以後，宋高宗趙構在金軍的追趕下，一路狼狽南逃。在宋軍的一片潰敗之勢中，岳飛怒斥民族敗類，以忠義愛國之心，激勵將士，團結了一批有生的抗金力量。

　　宗澤死了，趙構南逃揚州去了，開封成為一座暴露在金人眼前的孤城。接替宗澤出任開封留守的是杜充，這是一個剛愎自用而又殘忍嗜殺的傢伙。他接手不久，宗澤苦心經營的京城防線便土崩瓦解，那些團結在宗澤周圍的愛國忠義軍也分崩離析。

　　當金兵將領粘罕率兵向開封進犯時，杜充束手無策，竟兇殘地掘開黃河大堤，想以泛濫的黃河水來阻擋金人的鐵蹄，以換取自己苟延殘喘的時間。

　　這除了使無辜的百姓遭受一次更大的浩劫之外，對金兵一點用處也沒有，他們避開開封，經由山東南下，很快便占領了揚州，趙構之流急惶惶如喪家之犬，慌忙向建康方向逃竄。

　　杜充對守衛開封本來便毫無興趣，此時便以起兵救援皇帝為藉口，將留守一職交給他人，自己要向南方逃跑。

　　岳飛看穿了他的卑鄙用心，冒著殺頭的危險，憤然上書，斥責杜充的逃跑行為。他在書中寫道：

中原的土，一尺一寸都不可放棄，何況京師開封，更不是其他地方所可以比的。你身為大臣，手握重兵，卻不肯防守，別人誰還能擔此重任？你如今一舉足，這大片的國土便不會再為我所有，以後再要收復，沒有幾十萬大軍是辦不到的。

畏敵如虎的杜充不聽從岳飛的勸告，他終於放棄開封，南下建康。岳飛孤軍難支，也只好隨之南撤。幾個月以後，開封被金人占領了。

當時，趙構的小朝廷臨時安置在建康，對於杜充失職逃跑的行為，趙構不但不治罪，反而下詔嘉獎，並任命他為右丞相留守建康，這個丟棄了黃河防務的人，竟又主持起長江的防務來。

就在杜充逃離開封不久，金朝又以完顏兀朮為統帥，調集大軍，分東西兩路，直取江南。

完顏兀朮是金太祖阿骨打的第四個兒子，人稱「四太子」，他是岳飛在今後抗金戰爭中的主要敵手。此人打仗都是親自上陣，身先士卒，異常驍勇。當年岳飛的故鄉湯陰便是被他洗劫的。這次他親率主力大軍，沿東路南犯，目標便是建康。

早已被金兵嚇破了膽的趙構，竟然無恥地向金朝首腦寫信，表示要取消國號，取消帝號，無條件投降金朝。

趙構在一封〈乞哀書〉中寫道：

古代國家遇到危亡之時，或是守衛，或是逃亡。如今你以強大的國家征服我這個弱小之國，就像一個大力士去打一個小孩一樣，只要派來一支軍隊，我們便會束手服從，決不會有抵抗之事。
三年以來，我們三次逃亡，現在已逃到了偏遠的東南，到了天地的盡頭，再也無路可走，我們現在的處境是，要守沒有人，要逃沒有地，還請大金國可憐我們，饒了我們吧！

趙構一方面搖尾乞憐，一面又帶著他的小朝廷，向著更南的杭州逃去了，而把長江及建康的防務，全都交給了杜充。

當金兵步步逼近時，杜充卻置國事於不顧，終日閉門不出，沉溺在花天酒地的荒淫生活之中，毫無應敵之策。

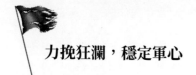

## 力挽狂瀾，穩定軍心

岳飛又一次忍無可忍，便直接闖入杜充的臥室，厲聲斥問道：「如今大敵當前，長江危在旦夕，你卻終日飲酒作樂，不見部將，不佈置用兵之事，這怎麼能使大家為國效命呢？如果諸將不肯盡力，建康城失守，你還能在這裡高枕無憂嗎？我岳飛早已以身許國，可我孤立無援，又能起多大作用呢！」

說到這裡，岳飛聲淚俱下，他堅決要求杜充去巡視江防。杜充只是敷衍了他一句：「明天我到江邊去看一看。」

第二天，杜充卻始終沒有出來。由於長江沿線毫無防守，金兵便如走平地一般，順利地渡過了長江，大兵直抵建康城下。

杜充用卑鄙的手段，欺騙百姓，賄賂士兵，連夜匆忙逃出建康，不久便可恥地向兀朮投降了。

建康不可避免地失守了，宋朝的 10 萬守軍向著南方狂逃。他們是兵卻失去了帥，是民又失去了家，便三五成夥，百十為群，沿著江南的田間小路、河岸湖堤，漫無目的地向南逃著。他們沒有了糧草，沒有了給養，可他們要吃飯，要活下去。

這些潰敗的士兵走過了市鎮，見了店鋪，進去就搶。他們走過了村莊，進了農舍就拿，見了雞就殺雞，見了豬就殺豬。誰要是不答應，敢反抗，他們就打，就罵，就殺。他們就這樣一路搶過去，吃過去，彷彿無邊無際的蝗蟲。

只有一支不大的隊伍，還保持著嚴整的隊形，還邁著整齊的步伐，有秩序地向南方進發，遇到小股的敵人，就咬住它，打垮它。這支隊伍就是岳飛的隊伍，從建康撤退下來以後，他們已經打了幾次小勝仗，表現出了毫未衰減的戰鬥力。

漸漸地，隊伍隨身攜帶的那點給養也吃完、用完了。岳飛嚴格約束戰

士，不許踐踏老百姓一塊莊稼地，不許搶老百姓家的一粒糧。

戰士們只有忍饑挨餓，當走到廣德鐘村時，部隊無法繼續前進了。戰士們有了怨言，有的想脫離軍隊，而那些在道路上流竄的散兵游勇，有的便乘機竄到部隊中來，鼓動岳飛的將士去當遊寇。

還有幾個小股游寇的頭目乾脆直接來找岳飛，約請岳飛帶頭率領他們向金兵投降，他們知道岳飛是杜充部隊中的大將，金人都知道他的威名，有他出面，到金人那裡也許不會太被人作踐。

這時，岳飛憂心如焚，他明白覆水難收，隊伍一散了，再要攏起來可就不容易了。這支軍隊大多是中原來的，他們是不願當亡國奴，才千里迢迢從北方來到南方，怎麼能讓他們到了南方又散了呢！看來這個仗是要長期打下去了，沒有軍隊怎麼行！

岳飛決心力挽狂瀾，遏止住這股奔逃的狂潮，而當務之急，是先要穩定住自己的軍心。

一天，岳飛將全體將士齊聚到鐘村一個大戶人家的院子裡，他登上一個小台子，目光堅毅地注視著台下的將士，慷慨陳詞道：

> 建康失守了，杜充投降了，眼下也還不知道皇帝陛下的去向，可是，大宋朝沒有亡！我們生為大宋國民，在這國家危亡的關頭，當以忠義報國，建功立業，留名青史，死而不朽。如果投降敵人，或者流竄為盜匪，打家劫舍，欺凌百姓，那樣活著是苟且偷生，死了要遭萬世唾罵，大家難道願意這樣嗎？

岳飛的一席話，重新燃起了廣大戰士的愛國熱情，大家齊聲高呼：「願意聽從岳將軍的命令！」

部隊穩定下來後，岳飛又將那些約他降金的幾十個散兵小頭目請到鐘村村外的稻場上，他只帶了王貴、張憲等幾個親隨將官前來。

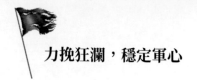

## 力挽狂瀾，穩定軍心

　　岳飛朗聲對眾人說：「今天請大家來，先不談下一步的行程去向，只想跟大家比試比試武藝！」

　　岳飛那高超的武藝大家是早就聞名的，誰敢跟他比！於是，岳飛命令王貴等幾個人分頭和眾人較量，或彎弓躍馬，或擊劍刺殺，那幾十個人竟沒有一個是敵手，紛紛敗下陣來。

　　岳飛高聲宣講道：

　　我岳飛有這樣一批出色的將官，怎麼能向金人屈膝投降！大家都是中原人，父母妻兒都還留在中原，正睜大了眼睛等著我們去搭救他們，祖宗的墳墓也正等著我們回去祭掃，難道大家能忍心認賊作父嗎？

　　我勸大家打消降金的念頭，準備著打回家鄉去，光復故土，為父老兄弟報仇！

　　大家若是聽得進我岳飛的話，今後咱們就一塊幹，若是不聽，寧肯讓你們先殺了我，我也決不隨你們投降金人！

　　這一番話，說得那些小頭目一個個低下了頭去，他們省悟過來，紛紛表示：「岳將軍是英雄，我們也不甘心當孬種，從今以後，跟岳將軍幹下去！」

　　就這樣，岳飛在艱難困苦的時刻，團結、教育了一支隊伍，為抗金大業保存了一支有生的戰鬥力量。

# 岳家軍令金兵聞風喪膽

金軍在三月撤離平江府後，直撲常州。常州知州周杞探知敵情，急忙派屬官趙九齡專程赴宜興縣，邀請岳飛前來守衛常州城。由於當年在張所河北西路招撫司的相知，趙九齡也曾為岳飛移軍宜興縣，進行聯繫和說和工作，岳飛對此十分銘感。

老朋友相見，分外親熱，而緊迫的軍情，又不容兩人重敘舊誼，暢談經歷。岳飛忙於部署軍隊，準備馳援常州城。

不料周杞驚慌失措，竟緊隨趙九齡之後，放棄常州城，也逃到宜興縣。其實，周杞只要開閘放洩源於鎮江府丹陽縣練湖的水，金人的舟船就會在運河中擱淺，而不能行駛。

岳飛與周杞、趙九齡商議和籌劃一番，即帶領精兵北進，奪回常州。岳家軍前後四戰，將不少敵兵掩殺在河裡，並活捉了女真萬夫長主少勃堇等 11 人，一直追擊至鎮江府的東部。

經過短期的休整後，岳家軍的戰鬥力更上一層樓，於是，他們便四處尋找戰機，打擊金人。不久，有消息說，有一大批金軍將途經廣德南下。

岳飛聞訊後，緊急部署，在金軍必經之處布下口袋陣，嚴陣以待。一段難熬的時間過去後，金軍終於毫無防備地走來。他們根本沒有意識到前面的危險，因為他們一路就是這麼滿不在乎地走過來的，很少遇到宋軍的全力抵抗，稍一接觸，宋軍就四散紛逃了。但這次他們卻遇到了一個強敵岳家軍！

看到敵人已進入了伏擊圈，岳飛號令旗一揮，只見伏兵驟起，滾木、山石從兩側山坡上冰雹般傾瀉而下，金兵頓時倒下一大片。

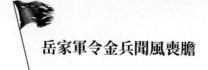

## 岳家軍令金兵聞風喪膽

金軍被這突然襲擊搞得頭暈腦漲，尚未定下神來又被一陣箭雨擊斃無數。剩下的慌忙後撤，卻被一彪人馬迎面攔住，騎馬持槍衝在最前面的正是岳飛。他大吼一聲，率先沖入敵群，揮動丈八長槍，或掃或刺，金兵應聲倒下。

這時，兩側的伏兵已逼了過來，鐵桶一樣將金兵圍在山谷間，輪番衝突，金兵死傷無數，剩下的大多繳械投降，只有少數拼命殺出重圍，落荒而逃。

這次伏擊使岳家軍聲威大振。只要一提及「岳爺爺」或岳家軍，金人馬上就心驚肉跳。他們再也不敢輕易行動了，紮下營來，想等後面的大部隊上來後一起圍剿岳飛。

岳飛探得敵將王權的部下多是簽軍，就是被金人強行徵集的漢兵，軍心渙散，戰鬥力比較弱，就決定先把他們一網打盡。一次，有 100 名簽軍出來打劫，遭宋兵追殺，40 餘名被抓，押赴岳飛營帳。這些俘虜以為死到臨頭，個個心驚肉跳。

岳飛沉著臉道：「你們也是漢人，卻為虎作倀，幫金虜屠殺同胞，本該斬首。」說到這，岳飛有意停頓了一下。

簽軍們嚇得魂不附體，立即跪下磕頭說：「岳爺爺饒命！岳爺爺饒命！」

岳飛嚴正地說：「饒命不難，就看你們願不願意改邪歸正，戴罪立功？」

簽軍們連忙道：「願意為岳爺爺效勞，請岳爺爺吩咐吧！」

岳飛說：「要你們做得很簡單。請你們回去做內應，幫我們攻取王權營寨，怎麼樣？」

簽軍們連忙答應。岳飛遂與他們計劃好具體行動的時間和方式，然後就放他們回去了，當天晚上半夜時，這些簽軍突然放起火，並大聲喊：

「岳爺爺來了！」

　　敵人營寨就像炸了鍋一樣，一片混亂，一些敵人衣服也沒有穿好，就倒拿武器跑出營帳。王權竭力想穩住軍心，但無濟於事。早已埋伏在外的岳家軍一擁而上，衝入營寨，一邊亂砍，一邊喊降。簽軍本是被金人脅迫而來，心裡對金人早有怨恨，哪肯為他們賣命？所以幾乎未加抵抗就放下了武器。

　　王權見狀，就想乘亂逃走，被岳飛趕上，一把掀下馬來，被擁上來的士卒俘虜。

　　岳飛廣德大捷後，本想南下勤王，但糧草接濟不上，不便遠行，只好把軍隊駐紮在牛頭山，等完顏兀朮撤退。

　　完顏兀朮因遭南宋軍民的英勇抵抗，不得已放棄追襲趙構的計劃，聲稱「搜山檢海」已畢，開始率部北撤，途中遭南宋名將韓世忠截擊，金山寺一役，幾乎被擒，慌張中逃進了死港黃天蕩。之後又掘開老鸛河故道，才得以脫險。

　　完顏兀朮慶幸自己命不該絕，已擺脫死亡的威脅。正當他暗自慶幸時，突然鼓角齊鳴，從樹叢中和亂石後躍出大隊人馬，殺奔過來。

　　衝在最前面的那位大將，挺著一桿丈八金槍，盤旋飛舞，神出鬼沒，無人可擋。

　　金兀朮已被韓世忠挫了銳氣，又遭這當頭一棒，立即不知所措，無心戀戰，忙策馬返奔，一口氣跑了二三十公里，見並無追兵，這才稍稍鬆了口氣，問部將道：「剛才那位大將是誰？如此厲害。」

　　一個隨卒立即脫口說：「是岳爺爺！」

　　完顏兀朮嘆道：「原來是岳飛，果然名不虛傳！」

　　這樣，完顏兀朮龜縮到建康城裡去了，這是他在江南所占據的最後一個立足之處了。

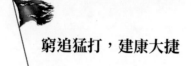

# 窮追猛打，建康大捷

　　為了對付建康的金軍，南宋政府幾乎是傾注了全部的兵力，將他們依為柱石的三大名將劉光世、韓世忠、張俊的三支大軍全都調了過來，而由張俊統一指揮。

　　如果這幾支軍隊能齊心合力，圍攻建康，完顏兀朮必然會成為甕中之鱉。可是這些大將都按兵不動，誰也不願首先進攻敵人。只有岳飛，勇敢地擔當起了收復建康的重任。

　　完顏兀朮為了避免遭到宋軍的攻擊，保證他撤軍的順利進行，對建康的防務十分重視，在城東北的鐘山，城南的雨花台築構了兩處營寨，圍繞建康城牆開鑿了兩道護城河，沿河增修了幾座營壘，並抓緊修造戰船。

　　岳飛紮營在建康城南的牛頭山上，他明白硬攻是不行的，最好是奇襲。夜間，岳飛派出小隊士兵，身穿黑衣，趁著昏暗的夜色摸進敵營，進行騷擾。

　　當時已是傍晚，天色漸晚，完顏兀朮便傳令紮營。他怕岳飛深夜襲擊，就留一部分士卒留心巡邏防守，自己也不敢安然入寢，至夜深人靜時才睡去。

　　忽然，完顏兀朮被一陣震耳欲聾的鼓角聲驚醒，緊接著一名小校來報：「岳家軍來了！」

　　完顏兀朮慌忙操劍衝出帳篷外，只見大營中四處起火，殺聲不斷。兀朮聲嘶力竭，揮舞著劍喊道：「不要亂，不要亂！給我殺退岳飛！」

　　但被岳家軍嚇壞的金兵怎能鎮定下來，有效地組織防衛呢？他們已經被接二連三的災難搞得神經質了，以為到處都是想置自己於死地的敵人，

尤其在對面難辨你我的夜間，他們向自己認定的「敵人」衝殺著，捍衛著自己的性命。

對方同樣拚死還擊著。天色漸漸亮了，金軍漸漸地感到了荒唐：怎麼對手和自己一樣的打扮，一樣的身容，一樣的語音？他們突然醒悟了，大水沖了龍王廟，自己人和自己人玩了一晚上的命！岳爺爺確實厲害，我們甘拜下風！

金兵自相殘殺累了，已經養足了精神，等得不耐煩了的岳家軍又殺了上來。完顏兀朮自知不是岳飛的對手，策馬就跑，金兵也跟著奔潰，怎奈岳家軍窮追不捨，慢一步的，都做了刀下鬼、馬下魂。只有那些腳生得長、腿跑得快的人僥倖逃生，跟著兀朮逃到龍灣，準備進駐建康。

金軍到靜安鎮時，遠遠看見旌旗招展，兀朮大驚，連忙退兵。還沒來得及行動，已聽見連珠炮響！岳飛領著大隊人馬殺了過來。

岳家軍衝進敵群，一陣猛殺。金兵死傷無數，15 里長的路上積滿了屍體。在岳飛的帶領下，英勇的岳家軍再次取得大捷，打擊了金兵的囂張氣焰。捷報傳遍了各大軍營，將士受到了鼓舞。

1130 年農曆五月十一日，岳飛發現建康城內火光沖天，金兵各兵營的駐軍紛紛開拔，岳飛料到完顏兀朮頂不住了，要逃離建康了，他又演了撤離杭州的故伎，放火焚燬建康城。

岳飛懷了滿腔怒火，親率 300 名騎兵、2,000 步兵，從牛頭山上直衝下來，金兵只顧逃命，根本不敢抵抗，岳飛窮追不捨，一口氣追到建康城北 15 里的靜安鎮。

這裡是金兵渡江的碼頭，金兵聚集在這裡，如同沒了頭的蒼蠅，熱鍋上的螞蟻，互相推來擁去，鬧鬧嚷嚷，亂成一團，都拼著命地要往渡船上擠，岳飛立刻揮師衝殺過去。

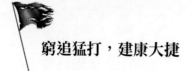

## 窮追猛打，建康大捷

　　這一仗，打得可真叫痛快，將士們刀劈槍挑，馬踏箭追，甚至用手推，用腳踹，頃刻之間，只見江岸上，金軍的屍體重疊成堆，大江上，淹死的金兵漂浮成片。金兵究竟死傷多少，實在無法統計，清理戰場時，俘虜300多人，其中將領20多人，戰馬300餘匹，其他鎖甲、兵器、旗鼓、輜重、牛驢等，更是堆積如山，數也數不清。

　　從建炎四年四月至五月，岳家軍與金軍戰鬥幾十次，都取得勝利。戰事的失利，使完顏兀朮雖知放棄建康可惜，而又痛感久留建康無益。他自五月五日開始，便加緊在建康城內大肆殺掠和破壞，本人在十日移駐於建康城西北15公里的靜安鎮。

　　岳家軍進駐建康城，建康府前通判錢需也糾合鄉兵，隨同進城。城中遍地灰燼，街巷和屋宇已面目全非；居民的屍體縱橫，血流遍道，很多傷殘者還在呻吟呼號。

　　岳飛率部北上收復建康時，命劉經留守宜興縣。岳飛和劉經原是共患過難的戰友。岳飛從建康府凱旋，途經溧陽縣時，忽然有劉經的部將王萬前來密報，說劉經圖謀殺害岳飛的母妻，吞併他的軍隊。

　　在南宋初兵荒馬亂之時，殺掉某個統兵官，併吞他的部隊，是屢見不鮮的事。岳飛大吃一驚，便命部將姚政連夜返回宜興縣，相機行事。

　　姚政趕到宜興縣，就派人邀請劉經，詭稱岳母姚氏有急事，要與劉經商量。劉經不疑有詐，當他急匆匆前來，跨進姚氏的房間後，便被預先佈置的伏兵殺死。

　　岳飛隨後即至，撫慰劉經的部眾，向大家說明事情的原委。由於岳飛威信顯著，軍中沒有發生別的波折。王萬和姚政都是湯陰人，後來成為岳家軍的統制。

　　當年五月下旬，岳飛親自押解戰俘，前往「行宮」越州，這在南宋立

國 4 年以來，尚屬首次。四五年前，在相州到南京應天府的行軍途中，岳飛也許見過趙官家的模樣，而趙官家卻不大可能對一個無名之輩有何印象。岳飛當時儘管官位不高，卻已成為宋高宗願意召見的人物。

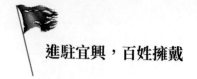

# 進駐宜興，百姓擁戴

　　岳飛的隊伍從建康乘勝追擊，一直尾隨著完顏兀朮的部隊，一邊追一邊打，一次他襲擊了金兵的殿後部隊，殺死金兵 1,200 多人，生擒敵將 60 多人。

　　金軍中那些被強迫抓來的漢族士兵看到岳飛的部隊如此善戰，紛紛逃離金軍，投降過來，不長的時間，便有萬人之多。

　　岳飛對他們深明民族大義之舉大加誇讚，又動員了一些人重回金軍，作為內應。這些人回去以後，按照岳飛的安排，常在夜間襲擾敵營，焚燒金軍的輜重糧草，岳飛的大軍再從外面殺進去，裡應外合，連連得手，在廣德縣境內便取得了六戰六勝的戰績。

　　岳飛的部隊很快壯大起來，人數達到 20,000 人之多，可是，這麼大的一支部隊，無處得到糧草，吃穿的問題越來越難解決。

　　宜興的官員早已聽說岳飛的部隊軍紀嚴明，便來信歡迎岳飛移軍宜興，保護宜興，並說縣裡的存糧足夠 10,000 大軍吃 10 年。

　　當時，小吏李寅向岳飛建議移屯宜興縣。宜興知縣錢諶等人早已聽說過岳飛的威名，也特地寫信給岳飛，歡迎他率軍保護縣境。

　　宜興縣東臨太湖，北通常州，西面又逼近建康府通臨安的大道，確是進可攻、退可守的軍事要地。宜興是個美麗富饒的地方，是兵家過往必經之地，戰略地位十分重要。

　　當年二月，一支部隊進駐宜興。這支部隊，既不像入侵的金人那樣燒殺搶掠，也不像流竄的游寇那樣入戶擾民。他們進駐之後，先是趕走了原來盤踞在這裡的幾支游寇、官匪，然後就住進營寨，很少外出，若不是操

練，百姓很少能見到他們，大家紛紛誇讚道：「這樣的官軍真是少見！」這支軍隊，便是岳飛的部隊。

在宜興縣境，尚有3支土匪。馬皋和林聚各有幾千人，岳飛派遣辯士勸降，獲得了成功。

另一支土匪，頭目號稱張威武，不肯投降。岳飛單騎闖進他的巢穴，乘張威武驚愕之際，將他斬死，並收編了其全部人馬。

在內禍外患交迫的歲月裡，廣大民眾的生命財產朝不保夕。居然進駐了一支與眾不同的軍隊，對民間秋毫無犯，這不能不使宜興人民喜出望外，交相稱譽，人們用樸素的語言稱頌岳飛，說：「父母生我也易，公之保我也難。」

當時，甚至很多外地人也爭先恐後，移居宜興縣避難。按中國古代的隆重禮節，宜興人民出資為岳飛建造生祠，以表達大家感激之情。

岳飛的部隊進駐以後，宜興的社會秩序很快安定下來。田野裡有人犁田插秧，河湖上有人撒網捕魚，山岡上有人採茶砍柴，樹林間有人摘桑餵蠶，逢到趕集上圩的日子，縱橫交錯的鄉間小路上，絡繹不絕的是提籃挑擔的，四通八達的河網水道上，前後相連的是烏篷小船。

宜興暫時又恢復了往昔和平時期的美麗春光，在那兵荒馬亂、烽火連天的江南大地上，這裡彷彿是一塊樂土，那些逃難在外的宜興人都回到家鄉，連四鄉八縣的百姓也扶老攜幼、拉家帶口地到宜興來尋求一個安生之地。

岳飛對待河北、河東等地的金人簽軍，一貫採取正確的政策，將他們視為自己的骨肉同胞，不歧視，不苟待，儘量為他們爭取工作。於是「岳爺爺」的聲名遠播，成千上萬的簽軍爭先恐後地前來降附。

岳飛也想起了自己的家，自從最後一次離家，至此已經3年，家鄉早已處在金人的鐵蹄之下，他惦唸著親人的安全，便趁著眼前難得的這一個

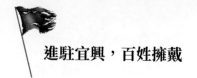
短暫的安定時機，派人潛回湯陰去迎取家眷。

可是，岳飛的家人也全都逃難去了，經過先後 17 次的探詢，才找到了母親姚氏和兒子岳雲、岳雷，而妻子劉氏卻已改嫁他人了。於是岳飛又娶了一個江南女子李娃為妻。

李娃比岳飛大 2 歲，李娃在與岳飛結婚時已 29 歲。李夫人聰明賢惠，對岳母非常尊敬孝順，深得岳母歡心。對岳飛前妻所生的兩個兒子岳雲、岳雷也倍加愛護。

岳飛一身正氣，作風正派，軍紀嚴明。他對李氏雖然敬愛，也委命她做些將士家屬和烈士子女的撫卹工作，但他主張軍機不可「歸而謀諸婦」，並在軍中當作紀律來宣布，嚴禁裙帶關係和枕邊外交。

有一次，岳飛率軍從宜興出發，到外地作戰，不料戰事受挫，李氏得知十分擔心，便與留在宜興的宋將商量，宋將準備遣精兵前去支援，正待調集兵馬整裝待發時，突然岳飛從前線勝利歸來。

岳飛發現這一情況後，認為軍機怎可受婦人干預，更不應執行夫人之命調動軍隊。岳飛便對這員宋將嚴加懲處，對李氏夫人也重重地進行了批評。

婚後夫妻恩愛，又生了 3 個兒子岳霖、岳震、岳霆，一家人共患難同生死。

岳飛遇害時，岳霖年僅 12 歲，孝宗皇帝昭雪時，岳霖 32 歲，岳飛冤案昭雪後，岳霖由江州來到宜興。

岳霆在 1137 年農曆二月生於軍中，父兄遇害時，岳震、岳霆在江州故居居住，噩耗傳來，家人聞變，引岳震、岳霆兄弟二人潛過長江，改姓鄂，隱居於黃梅大河鎮，後遷聶家灣。

岳飛蒙冤遭陷害死後，李夫人與子孫等流放嶺南 20 年。

後來，孝宗皇帝登基時，李夫人已年高 62 歲。皇上聖旨復原封正德

夫人、晉泰國夫人，還加封楚國夫人。李夫人生前遺囑：「終後葬廬山，陪伴岳母姚太夫人。」孝宗皇帝念及岳飛功勳卓著，賜「天下名山任選」厚葬李夫人。

在降官如毛、潰兵似潮的逆流中，岳飛卓爾不群，他以必勝的信念，頑強的毅力和恰當的措施，發展和壯大了自己的隊伍。

這個青年統制開始擔任主將，他按照自己的意圖和風範，塑造了一支抗金勁旅。人民稱這支雄師為「岳家軍」。

在岳飛的精心治理下，他的軍隊變得紀律嚴明起來，並很快贏得了老百姓的衷心擁護。百姓鄉親為了表示岳家軍與其他作風惡劣的軍隊相區別，他們甚至設立祠堂，繪上岳飛畫像，經常供奉祭祖，祈禱岳家軍儘早趕走金寇，使老百姓恢復正常的生活。

從此，百姓不再一味地拒絕參軍了，送子送夫參軍者絡繹不絕，他們也不再堅壁清野了，簞食壺漿者隨處可見，更不冷眼觀戰了，帶路送情報者主動踴躍。

在緊張的整軍、練兵之餘，岳飛不忘擠時間學習。他深知，若沒有諸葛孔明之謀略以及淮陰侯韓信之武才，僅憑匹夫之勇是很難扭轉當今危局、救民於水火的。這就需要向古代的聖賢學習，汲取他們的經驗。

岳飛喜歡讀的仍然是《孫子兵法》，常把這本書置於身側，有空即思索研習。與少年時的誦讀不同的是，他現在有豐富的軍事經驗，對書中那些精奧的道理有更深的啟悟。他經常將這些體會在具體的戰鬥中加以運用。當然，他並不盲目迷信、機械照搬。

著名愛國詩人陸游詩云：「劇盜曾從宗父命，遺民猶望岳家軍。」岳家軍當時尚不是一支大部隊，無力挽狂瀾於既倒，但在江南的抗金戰場上，已不愧為中流砥柱。

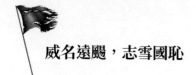

# 威名遠颺，志雪國恥

建康大捷，極大地鼓舞了大江南北愛國軍民的抗金鬥志和必勝信心，從此，岳飛和他的岳家軍也威名遠颺。

此刻，縈繞在岳飛心頭的，是一個更為宏大的戰鬥目標，他拿起毛筆，揮灑自如，岳飛在駐地張清鎮房東的一架屏風上，題了長長的一段詞：

> 近中原板蕩，金賊長驅，如入無人之境，將帥無能，不及長城之壯。余發憤河朔，起自相台，總發從軍，小大曆二百餘戰，雖未及遠涉邊疆，長驅直入，亦快國仇之萬一。今又提一壘孤軍，振起宜興，建康之城……當奮勇爭先，深入敵境，擒其梟帥，拔其窮域，迎二聖復還京師，取故地再上版籍。他時過此，勒功金石，豈不快哉！此心一發，天地知之，知我者知之。

建炎四年六月望日，河朔岳飛書

這段詞的大意是說：自從中原遭受戰亂，金賊長驅直入，如入無人之境，而朝廷將帥無能，根本不配稱作保衛國家的長城。我憤而從軍，從故鄉出發，直到現在，經歷大小二百餘戰，雖然還未能掃蕩敵巢，但也多少實現了我的為國雪恥之志。建康一仗，我以孤軍迎敵，一舉收復城市，將金賊趕入大江，倉皇逃遁，可惜的是沒有能殺他個匹馬不回。倘吾朝廷能賜賞我兵器盔甲，獎勵三軍，我一定要直搗敵人的朝廷，將敵首擒獲，迎取徽、欽二帝重返故都，使喪失的國土重新為我所有！

可是，南宋小朝廷並沒滿足岳飛的願望，而是將他派往通泰任鎮撫使，通泰就是現在江蘇的南通和泰州。看起來，這也是獨掌一面的大官，可這裡偏處東海之濱，遠離抗金的第一線，與岳飛的志願大相逕庭，為此

他上書請求辭去這一職務，而要求朝廷派他到戰略地位更為重要的淮南東路任職，並允許他招集兵馬，以實現他的偉大的志向。

為了表示必勝的信念，岳飛甚至提出將自己的母親、妻子和兩個兒子作為人質，交給朝廷看管。

南宋小朝廷沒有答應岳飛的請求，對金的戰爭日趨緩和，他們的心思又放在平定內亂上了。

岳飛自從青年投軍，效命疆場，至此有整整十年，他的足跡，從北到南，從東到西，抗外敵，平內亂，轉戰數千里，身經大小幾百次戰鬥，身上負傷多處，立下了汗馬功勞。

岳飛從一個窮鄉僻壤的農家孩子，成為一名令敵人聞之喪膽，同僚為之遜色的著名戰將，使得皇帝對他不得不另眼看待。10 年來，他走過了一條輝煌的人生道路。

岳飛攜兒子岳雲一同來到了杭州。這個錢塘江畔、西子湖邊的歷史名城，向來以風景絕佳、富庶繁華而聞名天下。

岳飛到杭州的這個季節，正該是這座城市最美麗的時刻，可是，沒有了「三秋桂子，十里荷花」，那一切的好景都已經蕩然無存，都被完顏兀朮一把大火燒光了。

從軍 10 年來，岳飛曾見過無數被毀滅的城市和村莊，每一次都激起他無比的痛心和憤怒。

趙構是第一次召見岳飛，他自然不會記得 7 年前在元帥帳下服役、曾因上書反對遷都而獲罪的那個無名小卒了，這時的岳飛 30 出頭的年紀，長年的戰地風霜使他的面龐顯得更加堅毅。

相見之後，趙構誇讚道：「朕早就知道你了，你打仗勇敢，治軍嚴明，為國家立了大功，是我朝大將中的後起之秀，如今民間兒童都知道你的姓

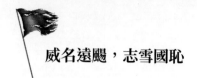
名，村夫野老都傳揚著你的威名，今後朕的江山社稷還賴愛卿維持！」

趙構賞賜了岳飛不少東西，有衣甲、馬銷、弓箭各一副，金城戰袍、金帶、手刀、銀纏槍、海皮鞍各一件。使岳飛感到最為珍貴的是一面軍旗，上面用金線刺繡著趙構親筆書寫的「精忠岳飛」4 個大字。

岳飛莊重地接下了這些賜品。

趙構指著岳飛身後的岳雲問：「這就是你的兒子岳雲吧？」

岳雲當時才 15 歲，雖然他面如滿月，還透出一股稚嫩之氣，可卻有一副銅骨鐵筋，力氣大得驚人，他使的一副銅錘就有好幾十斤重。

岳雲自幼受父親的言傳身教，早就立志，要像父親一樣，以身許國，他 12 歲就從軍，已經多次立過戰功。

趙構讚賞說：「果然是將門出虎子呀！」他也賞了岳雲弓箭一副、戰袍一件。

岳飛被任命為主持江西、安徽一線軍政事務的大員，他所管轄的地區，跨越長江中游的南北兩岸，直連中原地區，方圓達幾百里，是長江沿岸最重要的防區之一，帥府就設在江州。

岳雲也被封為保義郎、閣門祇侯。當時的豪門子弟，因父祖封官，是十分普遍的現象，岳飛卻推辭說：「岳雲年少，還沒有為國家立功，他不應受封。」

趙構回答說：「我並不是對岳雲偏愛，他小小年紀，就從軍打仗，為朝廷效力，封他是理所當然的。」

在岳家光耀門楣的同時，另外一個人物也在朝中蠢蠢欲動，他便是秦檜。

秦檜是建康人，字會之，他出身在一個漢族地主的家庭。他父親當過靜江府古縣令，這在宋朝統治階級中只算得上一個小官。

秦檜生活在這樣的環境中，不可能疾速地飛黃騰達，因此做過鄉村教師。他對這個職業並不滿意，甚至牢騷滿腹，說「若得水田三百畝，這番不做猢猻王」。

　　他要求不高，只要有幾百畝好田，不再當「童子師」、「孩子王」，不再靠束修，自給也就可以了。但自從中進士後，他就扶搖直上了。

　　當秦檜升為北宋的御史中丞時，北宋滅亡，他也被金兵擄去，到了北方，他立刻賣身投靠金朝統治者。

　　秦檜在以被俘虜的皇帝趙佶的名義寫給金朝當權貴族粘罕的一封信中，攻擊南方人民的抗金戰爭是小人貪功求賞，沽名釣譽；他為金人出謀劃策，讓他們對南宋小朝廷採取誘降政策，說這樣比起東征西討、大動干戈，會得到更大的好處；他並毛遂自薦，說金朝如果派人去南宋誘降，他是極願充當這個角色的。

　　果然，秦檜得到了金朝統治者的賞識，金朝皇帝金太宗把他賞賜給了另一個有權勢的貴族撻懶，被撻懶任命為「參謀軍事」。

　　早在 1130 年，秦檜隨撻懶攻打宋朝的楚州，親筆替撻懶代寫了一篇以勸楚州人民投降的勸降書。他這樣死心塌地地為主子效勞，更得到主子的信任，便暗中指令他潛回南方，充當金朝在南宋小朝廷的代理人。

　　就在當年 10 月，秦檜攜帶了老婆王氏和奴僕，回到了南方。他一見到趙構，便吹噓自己如何被金朝貴族所寵信，以此來抬高自己的身價。

　　對於這個變節投敵的叛徒，南宋朝廷上的許多正直大臣是十分反感的，而且還懷疑，他既然以得到金人的賞識而沾沾自喜，為什麼還要回來呢？

　　而昏聵的趙構，對於金人的這條走狗，不僅未加懲處，反而因為得到了一個能與金朝統治者打交道的人而歡喜非常，並對人說，他見到了秦檜之後，歡喜得連覺也睡不著。當即任命他為禮部尚書，3 個月後升任副宰

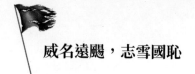
相，又過了半年，竟然讓他登上了宰相的寶座。

從此，秦檜便在南宋朝廷潛伏下來，最終成為殘害岳飛的罪魁元兇。

1132 年，女真貴族暫時沒有對南宋採取軍事行動，張俊、岳飛等對李成、張用等游寇軍賊的掃蕩和招安，又取得節節勝利，整個局勢已趨穩定，趙構這才回鑾臨安。

兵災之後，臨安這繁華一時的行都，已非常殘破、冷落。西湖一帶，宮殿雕欄損缺，亭閣樑斷格殘。燒焦的椽柱，零亂的磚瓦，雖經年累月，仍遍地橫陳，極目所至，一片荒涼。

秦檜被重任後，他為了進一步迎合趙構的心理以取得寵信，不惜百姓的人力、物力、財力，重新清理修繕行都臨安，以粉飾「太平」，裝點「盛世」。

這樣，西子湖畔又飄揚起靡靡之音。趙構和他那一批親信使臣，縱情聲色犬馬，過著燈紅酒綠、紙醉金迷的生活。

岳飛屯戍江州，整軍練武，嚴肅軍紀，積聚力量。1133 年間將自己的部隊發展壯大至 23,000 人。

當時，岳飛寫了這樣一首詩：「雄氣堂堂貫鬥牛，誓將直節報君仇。斬除頑惡還車駕，不問登壇萬戶侯。」他心中時刻懷著報君仇雪國恥的熱忱。

九月中旬，岳飛應聖旨宣召，攜帶兒子岳雲趕往臨安。這是他第二次受到皇帝召見。雖然兩次召見只相隔 3 年時間，但由於屢建奇勛，岳飛的聲望已今非昔比了。

召見時，趙構問岳飛：「你以為什麼時候天下才能太平呢？」

岳飛回答說：「到了文官不愛錢、武將不怕死的時候，天下自然就太平了。」

趙構聽岳飛這麼回答，很感到意外，瞥了左右一眼，覺得岳飛的話中

似乎有某種弦外之音，但他此刻心裡正非常高興，並且正想要籠絡岳飛，使岳家軍更加忠心耿耿地為他效命，因此並未深究。

他又對岳飛大大嘉勉了一番，賞給岳飛金線戰袍、銀纏槍、海皮鞍、金帶、衣甲和弓箭、手刀等物。

這一次，趙構又特地賜給岳飛軍旗一面，上面繡有趙構親筆書寫的「精忠岳飛」4個字，和上次所賜的旗幟不同的是，這面旗幟可以作為岳飛行軍和打仗的大旗，在戰場上飄揚。

另外，趙構還頒賜白銀 2,000 兩，犒賞岳家軍。幾天後又頒布詔令，升岳飛為鎮南軍承宣使，江南西路舒、新州制置使，還授予岳雲正九品保義郎、閤批侯的階銜。

此後，岳家軍番號由神武副軍改為神武後軍，原江州、新州由傅選、李山兩統制分別統率的兩支部隊，歸併入岳家軍。牛皋、董先、李道等部，也奉詔「聽岳飛節制」。這樣，岳家軍的實力更加強大了。

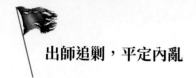

# 出師追剿，平定內亂

自從金軍南侵，騷擾中原，宋朝兵民困苦流離，強盜草寇劫掠鄉里，有些甚至投降金人，為虎作倀。因此岳飛在抗金的同時，也參加了一次次平定內亂的軍事行動。

1131 年，宋高宗任命張俊為江淮招討使，岳飛為副，前往討伐李成。李成原來是江東捉殺使，卻於建炎二年落草為寇，叛據宿州。後來被劉光世打敗，竄跡於江、淮、湖、湘間，橫行 10 多個郡，勢力滾雪球般膨脹起來。

張俊接到任命後，本想與岳飛一起進軍。見情勢危急，於是提前出發，進軍洪州。李成部將馬進領著比張俊多幾倍的兵馬，將洪州團團圍住。

張俊命令高掛免戰牌，任馬進百般辱罵，就是不出城迎戰。這樣相持了 10 多天後，岳飛領兵趕到，殺開重圍，到了城內，見到了張俊。張俊大喜，問岳飛怎樣才能打敗敵人。

岳飛回答說：「我認為現在可以出戰了！」

張俊說：「我們兩軍合二為一，也沒有馬進人多，如何獲勝？」

岳飛說：「馬進雖然人多，但他一心只顧儘早拿下洪州，卻沒有考慮身後的危險。如果我們派一支人馬潛出敵營，沿江而上，搶占生米渡，截住敵人的退路，再用重兵攻其背後，這樣一定能破馬進。」

張俊連連稱是。

岳飛請求做先鋒，張俊大喜，命岳飛率領所部掩擊敵人營寨，又派楊沂中領精兵，趁著暮色來到城外，直奔生米渡。

岳飛披甲上馬，奔赴西山，逼近敵人營寨。馬進自兵圍洪州以來，連

日罵陣挑戰，張俊總是不應，還以為張俊貪生怕死，於是反倒定下心來，縱酒作樂，想讓城中糧草斷絕，不戰自亂。這天，他正在帳中摟著搶來的美人，飲酒聽歌，已醉醺醺的了。忽然聽兵士來報，說官兵從背後來劫營，著實吃了一驚。酒也全醒了，推開美人，操起大刀就往外走，一面命令屬將召集嘍囉，前往抵擋。

馬進還未站穩腳跟，岳家軍已到了眼前，迎風獵獵的「岳」字旗幟下，正是岳飛。他用槍指著馬進，喝道：「反賊，還不趕快下馬投降！」

馬進不以為然地大笑著說：「都說岳飛厲害，我倒要看看你是不是3隻眼的馬王爺！」說到這，他猛揮一下大刀，嚎道：「弟兄們，給我上！」自己直奔岳飛。

岳飛命令放箭，只聽一片「喳喳」聲，蝗蟲一樣的箭頭瀉向敵群，張進手下的士兵立時倒下無數。岳飛又令：「出擊！」話還沒說完，他自己已躍馬趨出幾丈，挺槍刺向馬進。

馬進忙用刀招架。幾個回合過去，馬進已氣喘吁吁，手忙腳亂，這才知道剛才的玩笑開大了，吹出的牛皮擋不住岳飛的掌中槍。於是虛晃一招，拖刀就逃。

岳飛率兵追殺，只見得馬進軍隊人仰馬翻，血飛屍積，沒多長時間，就將整個營盤掃蕩得乾乾淨淨。

馬進逃至憲州，岳飛緊隨其後，在城東紮下營寨。岳飛知道馬進已嚇破了魂兒，不敢開城迎戰，就想出一個法兒，讓人趕做了一面紅色旗幟，上面繡著一個大大的「岳」字，然後讓精心挑選出來的200多名騎兵舉著巡邏，自己則率主力埋伏在牆角。

馬進正在城牆上觀察敵情，看見這隊人馬，數目不多，並沒有岳飛本人，卻打著「岳」字旗號招搖，莫非欺負我馬進不成？岳飛本人固然英雄，手下的難道也個個無敵？

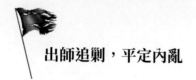

　　想到這裡，馬進羞辱感湧上心頭，他叫一聲：「待我捉住這幫雜種！」就令放下吊橋，引著兵卒，鼓噪而出。

　　騎兵見馬進出城，略戰幾個回合，假裝打不過，倒拖著旗幟就跑。馬進不知好歹，策馬便追。轉過城角，突然身後一聲炮響，伏兵驟起。馬進回頭一看，只見岳飛正率人馬圍了上來，被追的宋兵也返身殺回。

　　馬進大驚失色，幾乎從馬上栽下來。他已領略過岳飛的厲害，哪敢再戰？但退路被阻，只得棄城東逃。

　　岳飛尾追不放，並讓士卒大呼：「不願隨賊的，請趕快坐下，我不殺你們！」

　　眾草寇聽見，大多扔掉兵器，抱著頭原地坐下。後來按著名冊清點，共有 8 萬多人。

　　岳飛對他們好言勸誡一番後，按他們自己的志向，或發給路費盤纏，遣返家鄉，或整編入伍，效命朝廷。

　　馬進殘餘逃往南康，岳飛繼續追趕，到朱家山時，岳飛趕上馬進的後衛部隊，展開拚殺，殺死他的頭目趙萬成。李成聽到馬進兵敗的消息後，親自率領十餘萬兵馬趕來相救，與岳飛相遇樓子莊。岳飛毫無懼色，舞動著長槍，迎頭亂刺，霎時間戳倒了數十名匪兵。

　　匪兵從未遇到過這麼兇猛的將領，早已魂飛魄散，紛紛向後退去。不想卻與繼續蜂擁而來的匪兵衝撞一起，互相踐踏，亂作一團。

　　岳飛乘勢殺上，李成的軍隊死傷無數。李成見狀，揮刀殺上，正撞著岳飛。幾個回合過去，李成已出了一身臭汗，眼花繚亂，眼看著要敗退下來。突然旁邊閃出一騎，揮刀而上，與李成雙戰岳飛。

　　岳飛沉著應戰，一枝長槍在手，左挑右撥，上撩下劈，三馬盤旋沒多長時間，就將剛沖過來的人刺下馬。這人便是馬進。李成心驚，虛晃一

槍，返身就逃，又遭到迎頭趕上的張俊和楊沂中的截殺，十萬多兵馬，或傷或亡或逃，最後只剩下三五千人，逃奔該州，投奔劉豫偽齊政權。

岳飛討平了李成的軍隊，立即又發兵去征伐另一處強寇張用。

張用在 1129 年春脫離了流寇杜充，又在陳州城下打敗了馬皋的部隊之後，緊接著也和王善一夥分裂。

他和曹成等人率領了大批人馬，先是竄擾在淮北各地，便盤踞在淮西的壽春、舒城一帶地方作亂。

岳飛寫信給張用說：「我與你有同鄉之誼，故在動兵前告知你。你若想戰，就速請出兵；如果不願迎戰，就趕快受降！」

岳飛曾經在開封的南薰門外和張用交戰過，而且建立了以少勝多的一次奇勛。這件事，張用應當是記憶猶新的。今天的岳飛，其地位，其部隊的實力，全已大非昔比，而現在又正是他帶領人馬前來施加壓力，進行招安，這些張用全都是必須鄭重加以考慮的。

張用經過思考，表示願意接受招安。岳飛親自去招安，張用等被岳飛的義氣深深感動。自此，江淮一帶歸於平安。

紹興元年的臘月中旬，南宋王朝雖把岳飛的軍職由神武右副軍統制提升為神武副軍即原來的御營軍都統制，但同時又下令要他仍以所部駐屯洪州。

直到紹興二年的正月，南宋王朝委派已經廢棄在福州許久的李綱，去做荊湖、廣南路宣撫使、兼知潭州，叫韓世忠撥部將任土安率 3,000 人隨同李綱經由汀州、道州去上任。

另外，又委派岳飛在李綱到任之前做代理湖南安撫使和潭州知州。岳飛接到了這一命令，立即率部從洪州出發。

南宋初年，大部分官軍的紀律都很壞，他們和軍賊、游寇沒有什麼兩樣。特別是在行軍過程當中，「所過肆為擄掠，甚於盜賊」。

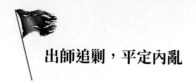

因此，各地居民，在平時就很怕有軍隊在當地駐紮，遇有軍隊經過，便大都是居民閉戶，市廛停歇，以免遭受騷擾。

然而，岳飛的軍隊，幾年以來的事實都證明，它隨時隨地都以紀律嚴明而受到百姓的愛戴。

在駐屯洪州期間，岳飛不允許兵眾遊逛街道，只在教閱操練時候，人們才能看到這支隊伍。

岳飛決定了開拔日期後，並沒有通知洪州的官吏和居民，而是在一個夜間就靜悄悄地出發了。

次日一早，大軍已經走了很遠，岳飛才派人去向地方人士告別。居民聞悉之後，蜂擁而來，卻只看到岳飛本人，另外只有幾個老弱兵丁，替岳飛牽著馬匹。

岳飛帶領全軍向湖南進發，沿路也都維持著極好的紀律：如果借住村中的民房，臨行前必須替主人灑掃整潔；如果借用了民家的炊食器皿，也必須洗滌乾淨才送還人家。

當行經廬陵時，郡守特設了酒食供帳，在郊外招待這批武裝過客。郡守一心要認識這個已經享有盛名的岳將軍，想在他經過時特別表示一番敬意。可一直到人馬都快要過完了，也沒有發現岳飛。問士兵，他們回答說，岳將軍早已和將領們一同走過去了。

岳飛下令給前軍統制張憲，令其率眾緊追奔向連州的曹成。曹成沒有辦法，又轉向湖南的郴州，郴州的知州趙不群閉城固守，曹成攻打不下，又轉往邵州。

曹成聽說岳飛將至，大驚道：「岳家軍來了！」連忙分兵逃走。岳飛到達茶陵，派使赴曹營招降，被拒絕。

岳飛上表朝廷說：「對付盜寇朝廷連年多用招安辦法，所以強盜勢

力強盛時就肆虐不從，勢力弱小就受降，時降時反。如果繼續這樣下去，盜賊蜂起，一時就難以消除了。」用現在的話來說，就是要加強打擊的力度。朝廷同意了岳飛的請求。

這樣，岳飛遂起大軍，開進賀州境內。

有一次，岳飛的士卒逮住一名叫曹成的奸細，捆在岳飛帳外，聽候審訊，岳飛一面計算著軍中的糧草，一面踱出帳外，一位軍吏走過來請示道：「岳都統，軍中糧草即將用完，怎麼辦呢？」

岳飛正要回答，一眼瞥見奸細，靈機一動順口答道：「只好退回茶陵再說了。」說完，露出失言後的慌張表情，跺一下腳，返身進入帳內。

隨即暗中囑咐士卒，裝作大意，放跑奸細。奸細跑回曹營，將輕易獲得的軍事機密告訴曹成。曹成非常高興，認為這是天賜良機，讓他報岳飛一箭之仇。當年他曾讓岳飛殺得落花流水，幾乎喪了命，至今讓他想起來就恨恨不平。他傳令屬下養精蓄銳，準備在岳飛退兵時從後掩殺。

岳飛放跑奸細後，半夜傳令，讓官兵在被窩裡隨便吃了些東西，然後打點行裝，悄悄向選嶺進發。拂曉時已到達太平場，曹成尚在濃濃的睡夢中，一點也沒有料到即將大禍臨頭。

曹成或許正夢見岳飛已被自己追獲，磕頭如搗蒜，哀求饒命，而他手起刀落，砍下岳飛的頭來，發出得意的大笑。突然，他被叫醒，說岳飛殺來了。曹成一時分不清是夢還是實情！白天還在賀州準備撤兵，晚上怎麼可能到了自己跟前！難道他是天兵大將！但他很快明白，岳飛確實來了。

此刻，整個營寨火光四起，殺聲震天。曹成並不笨，知道抵抗是死路一條，三十六計走為上。於是，他帶著殘兵敗將，逃往賀縣北山區中的要隘北藏嶺和上梧關，想依險頑抗。

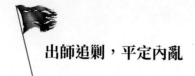

## 出師追剿，平定內亂

岳飛沒有讓曹成喘息，組成敢死隊，乘勝猛攻。岳家軍個個爭先恐後，一鼓作氣，連克兩寨。但狡猾的曹成再度逃脫，糾合所有部眾約 10 萬，死守蓬頭嶺。

岳飛當時只有 8,000 人馬，但他最擅長以少勝多，加上連連獲勝，將士士氣正高。曹成在岳飛的痛擊下，士氣低落，了無鬥志，人數雖十倍於岳飛，卻如同一盤散沙，一擊即潰。所以在岳飛的猛攻下，蓬頭嶺很快被岳家軍占領。曹成如喪家之犬，逃往連州，後向宋軍投降。

岳飛這次出師追剿曹成，儘管是南宋王朝佈置給他的一個軍事任務，但在他履行這一任務之前，所著重考慮的，卻是為「攘外」和「服遠」作準備。

他把這支流寇基本討平後，又受命班師返回江州，路經永州祁陽縣大營驛時，他在那裡寫了一段〈題記〉說：

> 權湖南帥岳飛，被旨討賊曹成，自桂嶺平蕩巢穴，二廣、湖湘悉皆安妥。
> 痛念二聖遠狩沙漠，天下靡寧，誓竭忠孝。賴社稷威靈，君相賢聖，他日
> 掃清胡虜，復歸故國，
> 迎兩宮還朝，寬天子宵旰之憂，此所志也。顧蜂蟻之群，豈足為功。過
> 此，因留於壁。紹興二年七月初七日。

平蕩了一支流寇，對南宋王朝來說，當然要算一樁值得高興的事，因為從此又減少了它的統治區域內的一個不安定因素。

南宋這時的君相，雖則也被岳飛稱頌為「賢聖」，他們對此事件的意義的體認，卻都只能到此為止。

而在岳飛，則當其進軍追剿之初，就已明確宣告其目標是為「攘外」和「服遠」作準備工作，而凱旋路上的《題記》，則更以為平定了這一「蜂蟻之群」根本算不得什麼功績；他所念念不忘的，還在於日後的「掃清

胡虜，復歸故國，迎兩宮還朝」等報仇雪恥的重大事體。

　　這裡的「蜂蟻之群，豈足為功」，正就是他後來寫在〈滿江紅〉詞中的「三十功名塵與土」句所涵括的具體內容之一；其跋山涉水，遠逾桂嶺，則又是詞中的「八千里路雲和月」句所涵括的具體內容之一。其「他日掃清胡虜，復歸故國，迎兩宮還朝」，不又正與詞中的「待從頭收拾舊山河，朝天闕」的句意全相符合嗎？

　　南宋王朝聞知曹成所率流寇已被岳飛和韓世忠部隊平定之後，在紹興二年的六月便下令給岳飛，要他率領全部人馬，包括不久前吞併收編的韓京、吳錫兩部分人馬在內，開往江州去戍守。

　　岳飛此時的軍職雖仍是神武副軍都統制，但他的虛銜，則由原來的親衛大夫、建州觀察使而提升為中衛大夫了。

　　韓世忠的主力部隊，在連破湖湘地區的幾支流寇之後，也在這年的六月內開始由湖南順流東歸。以軍賊而接受招安、這時被南宋王朝用作新、黃鎮撫使的孔彥舟，很怕韓世忠的部隊經過這一地區時也把他的部隊解決，便率領部下大部分人馬北去投降了偽齊劉豫。

　　這時候，南宋王朝要岳飛去戍守江州的命令還不曾送達岳飛的軍營。到七月中旬，南宋王朝接到了江西安撫大使李國陳報孔彥舟北道奏章，就又下詔催促岳飛趕緊率部移屯江州，去控扼那一段江邊，以防偽齊陰謀乘機渡江南犯。

　　趙構曾派人送給韓世忠金蕉酒器一份，作為慰勞他的獎品。紹興三年二月，趙構又把同樣的一份禮品，派人送給了在江州的岳飛。這次征剿曹成，正趕上盛夏酷暑，又在嶺南瘴疠之地，由於岳飛採取措施得當，竟然沒有一個士兵死於疾病，這真算得上是軍事史上的奇蹟。

　　高宗聽說，很是嘆賞，遂授岳飛武安軍承宣使的榮譽軍銜。

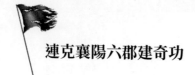

# 連克襄陽六郡建奇功

襄陽 6 郡是指唐州、鄧州、隨州、鄂州、信陽軍及襄陽府，均地處長江中游地區，形勢險要，為歷來兵家必爭之地。

襄陽 6 郡受到岳飛的高度重視，他多次上書高宗，力陳 6 郡的重要性。認為「襄陽上流，與吳、蜀襟帶相連，如果我們得到了它，進可以緊逼金寇，退可保衛東南。」

岳飛強調：「襄陽六郡，地勢非常險要。要想恢復中原，必須以此為基地，作為朝廷武臣，岳飛早已整飭軍馬，準備著有機會揮師北上，報效陛下。懇望陛下聖明早斷，下令實施我的計劃。這樣一來，既可平定長江上游，整個大宋王朝也可望逐步得到振興，這實在是關乎國家興衰危亡的大事！」

岳飛的這些觀點和戰略計劃，是建立在慎重考慮和精忠報國的基礎上的，是完全可行的。襄陽地處長江中游，越過漢水即可深入宛、洛地區襲擾金軍後方，如果宋軍的守淮部隊能從東西加以策應，金軍即可陷入顧前不顧後的境地，但岳飛的建議始終沒有被採納。

就在岳飛被趙構第二次接見的這一年，即 1133 年冬天，南宋叛臣、金傀儡政權偽齊皇帝劉豫借助金人的勢力，奪去了襄陽 6 郡。這樣一來，南宋的長江防線便直接暴露在敵人的面前，劉豫得意非凡，揚言要在第二年麥熟之際，大舉南侵。這樣，形勢變得十分嚴重。

自從被趙構兩次接見後，岳飛更加精心地策劃著收復中原的大計，當他聽說襄陽 6 郡失守後，立即上書朝廷，主動請戰。

1134 年，被金人扶持的偽齊政權遣李成襲取襄陽 6 郡，長江上游告

急，並且將隨時禍及兩浙地區。岳飛見情勢危急，再次上書朝廷，說：
「襄陽6郡為恢復中原基本，不可放棄；為今之計，應當儘早攻取6郡以
除朝廷心腹之害。」

宋高宗這才心動，與丞相趙鼎商量。趙鼎向高宗建議：「岳飛是當
今少有的智勇雙全的大將，屢建奇功。他對長江中上游的地理形勢，以及
敵我雙方的情況瞭若指掌，收復襄陽6郡，沒有比岳飛更合適的了。」

宋高宗於是下詔，命岳飛前往荊南鄂州及岳州任制置使，率軍克復襄
陽。詔書上寫道：

王燮現駐軍鼎州，招捕楊幺，累有申奏，乞別差官兵防託大江。今差岳飛
兼制置荊南、鄂、岳。其湖北帥司統制官顏孝恭、崔邦弼兩軍，並荊南鎮
撫使司軍馬，並聽節制使喚。

李橫退師，據諸處探報：叛賊李成、孔彥舟等占據襄陽府、唐、鄧、隨、
郢州、信陽軍，候麥熟，聚兵南來作過。岳飛累有奏陳，籌劃收復，備見
盡忠體國。今差本官統率所部軍馬，於麥熟以前，收復上述州軍。

今來出兵，止為：自通使議和，後來朝廷約束諸路，並不得出兵。偽齊乘
隙侵犯，李成等輒敢占據，須著遣兵收襄陽府、唐、鄧、隨、郢州、信陽
軍六郡土地。即不得輒出上述州軍界分。

所至州縣，務在宣布德意，存恤百姓。如賊兵抗拒王師，自合攻討，若逃
遁出界，不須遠追。應官吏軍民來歸附者，不得殺戮，一面招收存恤。亦
不得張皇事勢，誇大過當：或稱提兵北伐，或言收復汴京之類，卻致引
惹。務要收復前述州軍實利，仍使偽齊無以藉口。

收復諸州，並委岳飛隨宜措置，差官防守。如城壁不堪守禦，相度移治山
寨，或用土豪，或差舊將牛皋等主管。事畢，大軍復回江上克駐。

岳飛在奏章中所陳述的意見，本是要在恢復襄陽、郢、鄧、隨諸州郡
後，即以這幾個州郡作為前進基地，長驅直入，進軍中原的。而南宋行朝

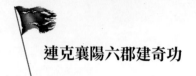

卻只允許他去克復這 6 個州郡,決不允許他「輒出上述州郡界分」;並且不允許他「或稱提兵北伐,或言收復汴京之類」。

但是,儘管有此種種限制,卻畢竟還是允許他把平生心願部分地付諸實踐,所以,岳飛還是很愉快地去執行這一使命。

剛剛撥隸在岳飛統率之下的牛皋,即曾在河南地區與敵、偽軍隊多次接戰,且曾在杭州親自向皇帝趙構陳說過「偽齊滅亡之道,中原可復之計」,是一個有志氣也有勇氣的人。

他熟悉襄、鄧以及中原地區的地理形勢。有牛皋參與這次進攻偽齊的軍事行動,岳飛覺得特別高興,他委派牛皋做唐、鄧、襄、安撫副使,兼統「踏白軍」。此後不久,又改命牛皋為神武后軍中部統領兼制置司中軍統。

紹興四年五月初一日,南宋王朝授予岳飛以如下官銜和職務:鎮南軍承宣使、江南西路舒勒州制置使、兼黃復州漢陽軍德安府制置使。還把荊南鎮撫使司的馬軍全部撥歸岳飛,以增強岳家軍的實力。

南宋王朝還命令韓世忠以萬人屯泗上為疑兵,劉光勝選精兵出陳、蔡,合勢並進,相為犄角,以作聲援。

軍餉除由戶部員外郎沈昭遠專力籌措外,皇帝趙構又下親筆詔紛鄂州、岳州以及附近各地的監司和帥守,要他們隨時供應岳飛軍的糧餉,不得使其稍有短缺。

這是岳家軍從來沒有受到過的優待和重視。然而這並沒有使岳飛產生驕傲放縱的念頭。

岳飛在接受到上述的重要命令和任務之後,首先嚴厲戒飭全軍:在進軍途中全軍必須嚴格遵守紀律,眼下正是莊稼滿田地的時候,兵馬經行,萬萬不得對莊稼有所踐踏。在其後的行軍過程中,也確實做到了秋毫無犯。

岳家軍先已從江州移到鄂州，現又從鄂州渡江北指。軍旗上的「精忠岳飛」4字，閃耀在日光下，閃耀在夾道迎送的人們的眼中。

岳飛知道自己肩上擔子的份量。這是自南宋立國以來，第一次派兵出擊，收復失地，也是岳飛移師江南以後，第一次統兵出征。勝了，則足以激勵民心，鼓舞士氣，為進一步收復中原打下基礎；敗了，則會使金人更為輕視南宋，同時也助長了朝廷內部投降派的氣焰。

宰相朱勝非特地派了使者通知岳飛，只要能旗開得勝，即授予節度使的頭銜。

節度使是當時朝廷授予大臣的最高、最榮耀的稱呼。

岳飛鄭重地對使者說：「請代我向宰相辭謝，岳飛可以為國家大義所激發，卻不能為個人私利所驅動。襄陽之戰，是抗敵復土的國家大事，即使完成此事而不授予節度使之稱，難道我能坐視不管嗎？攻取一座城池，賞賜一個爵位，這是對待一般人的做法，豈能以此來對待一個以身許國的仁人志士呢！」

岳飛接到詔命後，立即發動水兵渡長江。只見萬帆競發，浩浩蕩蕩，氣勢壯觀。岳飛站在船頭，心潮澎湃，他終於向收復大業邁出了堅實的一大步。

岳飛從軍以來念念不忘的就是收復大業，就是在金軍步步緊逼，宋軍聞風竄逃，朝野上下籠罩在亡國滅家的絕望中時，他也堅守自己的這種信念。

他堅信，只要皇帝能臥薪嘗膽，文臣武將只要各盡其責，上下一心，堅持抗戰，就一定能趕走胡虜，光復大宋河山！

現在，岳飛總算使東躲西藏、將全部希望寄託在向金人求和上的皇帝下定決心，使自己得以興師出征，奪取襄陽6郡，以營建北伐基地！他

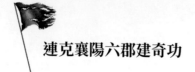
也明白，這僅僅是一個開始，全面反攻的大幕能否最後被捉摸不透、疲弱無力的皇帝拉開，現在還是很難說的。

但激昂的民族義憤是不會使岳飛悲觀懈怠自己的行動的。只要自己努力爭取，將來肯定有變化的！想到這裡，岳飛心潮澎湃，猛地拔出劍來，向船舷擊去，向身旁的幕僚慨然說道：「岳飛此次渡江，如果不擒殺金人劉豫，誓不返渡！」眾僚屬被岳飛的情緒所激勵，紛紛表示：願隨岳飛浴血奮戰。

渡過長江，岳飛率軍趕到鄂州城下。鄂州已被劉豫占有，派部將京超守衛。

京超作戰兇猛，被人稱作「萬人敵」。他見岳飛兵臨城下，並沒放在心上，大咧咧地登上城牆。

一位部屬提醒他應加緊防備才是，京超哈哈一笑，不以為然地說：「人人都說岳飛厲害，今天京超我倒要看看他有什麼本事！」說到這，又衝著城下狂喊道：「岳飛小兒，有種的上城來，你京爺爺等著你玩幾招！」

岳飛勃然大怒，立即命敢死隊攻城，說：「誰先登上城牆，有重賞，畏縮退後者定斬不饒！」

敢死隊的勇士一聲吶喊，抬著雲梯，揮著大刀，爭先恐後地湧上前去。京超指揮兵士拚命抵抗，放箭、扔滾木、掀梯子，擊退了宋兵的第一次攻擊。

岳飛稍事調整，增強了兵力，很快又發起了更為兇猛的第二次進攻。他命令弓箭手用密集的箭壓制城牆上的敵軍，自己親自帶領敢死戰士登城。

京超由於輕敵，沒有充分的防守準備，箭頭、滾木和石塊很快用光，而宋兵的攻勢一次比一次更兇猛，漸漸地，京超已無力抵抗，宋兵已由好幾處攻上城牆，與偽兵展開激烈的肉搏戰。不久，城牆即被占領，城門被

打開，宋兵蜂擁而進。

京超連砍幾名逃兵，也沒能阻止住潰敗的士卒。他覺得戰局已無可挽回，心裡不由恐慌起來，也顧不上剛才說出的大話了，策馬狂奔。

岳飛派牛皋等將在後面緊追不捨。京超覺得無法逃脫，又不願投降受辱，便縱馬跳下懸崖。鄂州被收復。

由於長期經受頻繁的戰禍，鄂州人起初對岳飛的到來心存疑懼，以為這不過是一場狼狗之爭，老百姓只有受害的份兒。岳飛對這種情況非常憂慮。他認為，要長期據有鄂州，將它作為北伐的基地，就非得爭取當地人民的支持不可。

於是，岳飛嚴厲地重申軍紀，絕不容許有騷擾百姓的行為發生。他還四處張貼安民告示，消除人們的疑懼心理，激發人們的抗金熱情，並打開糧倉，賑濟饑民。這一切措施很快贏得了百姓的好感。

這一切做好之後，岳飛留下一部分士卒鎮守鄂州，其餘的兵分兩路，一路由張憲、徐慶帶領，直趨隨州。另一路由岳飛自己親自帶領，直奔襄陽。

襄陽由李成親自鎮守，聞說岳飛到來，早早擺好陣勢等候，希望能報前日之辱。

自從投靠金人以來，他覺得地位變化了。他現在不再是一個東遊西蕩的流寇了，而搖身變成了准金人了。

岳飛能戰勝金人的走狗嗎？所以，當李成看見岳飛，不禁狂妄地說：「岳飛，你識得我的陣法嗎？」

岳飛看了一眼，哈哈大笑說：「李成叛賊，上次敗逃後，我以為你能多少長進一點，不料越來越渾！從古至今，你見誰曾將騎兵安排在險峻的地方，相反卻將步兵安排在平曠之地？難道你投降金人後，馬就能在水中行走，你竟將它們排列在襄江岸邊？你的步兵也變得行走如飛，

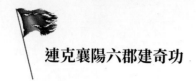

敢在平曠之地和我的戰馬賽跑？這樣最簡單的軍事常識都不知道，還與我談什麼陣法？」

李成被激怒，氣急敗壞地說：「岳飛小兒，休要口出狂言，有能耐就請破我的陣吧！」

岳飛說：「你這小孩玩的把戲，就是再增加 10 萬人馬，也用不著我親自出馬！」說完，他在馬上用鞭指著驍將王貴說：「你帶長槍隊去破敵人的騎兵！」又指著另一名猛將道：「你帶騎兵去衝擊敵人的步兵！」

二將接到指令後，馬上分頭行動，牛皋率先突入李成的步兵隊中，馬踏刀砍，銳不可當，風捲殘雲般，霎時使金兵倒下一大片，敵陣大亂，互相踐踏，又斃傷無數。平曠地上的步兵陣很快就被擊潰。

王貴同時也向敵騎兵陣發起進攻，他們專用長槍刺敵人的馬，馬一中槍立即倒地，背上的騎兵一個個倒下，不是栽得頭破血流，便是被殺或被擒。

敵騎兵幾次想重整反撲，因岸邊不利於行馬，草樹叢生，馬無法奔跑，且經常自己絆倒，將背上的騎兵甩出好遠，哭爹喊娘。王貴的長槍隊大顯神威，跳躍騰挪，一陣猛殺，步步緊逼，敵騎兵連連敗退，慌忙中不少連人帶馬跌入襄江，被洶湧的水流捲走。

李成沒有想到自己花費許多心思經營的戰陣這麼快就被擊垮，不由得痛心疾首。他徹底服輸了，乘著夜色，帶著幾百名貼身親隨，倉皇逃走了。

岳飛追趕不及，就整肅軍容，浩浩蕩蕩地開進了襄陽城。不久，張憲、徐慶也傳來消息，報告說隨州已被攻占。

新野由劉豫的部將成益駐守，收集各路殘兵敗將，準備負隅頑抗。岳飛在襄陽稍稍休整後，即派王貴攻打唐州和鄧州，張憲攻信陽郡，自己率

部將，分左右兩翼，包抄新野。

偽齊兵已知道岳家軍的威名，遠遠望見「岳」字旗號，就嚇得驚慌失措。稍一接戰，即潰不成軍，岳飛大獲全勝。

李成從襄陽北逃以後，就和金國的劉合勃董以及原在陝西的金、偽兵馬會合起來，駐屯在鄧州的西北，列寨 30 餘處，要在這裡和岳家軍決一勝負。

岳飛探明了這些情況，就先派王貴取道光化，張憲取道橫林，分路出發，由兩面夾攻。繼又派遣董先、王萬各以騎兵伺隙突襲。

在這幾個方面的會合掩擊之下，李成的兵馬在各條戰線上都被擊敗，最後他又只好逃跑，僅指定其部將高仲退入鄧州城內拒守。

岳家軍的將士趁高仲還未安排妥帖，爭先恐後登城，很快便又把鄧州州城占領了。

6 天之後，即七月二十三日，岳家軍又收復了唐州。八月中旬，信陽郡也為岳家軍所「克平」。

正當調發兵馬去攻取信陽，而且有把握能夠旦夕可以成功的時候，岳飛又進一步考慮今後如何鞏固這些州郡的防守措施，以及如何把這些州郡建立為抗擊敵、偽的前進軍事基地的事。

為此，他向南宋王朝寫了一道〈申狀〉說：

今防守之策，正在乎分屯勁兵，控扼要害。飛雖已據數量差軍馬於逐處屯駐，然其勢力單寡，難以善後。況今已近九月，天氣向寒，邊面尤當嚴備。比聞間探，虜意猶不可測。飛朝夕計慮，不敢少懈。

且以初者恢復之時，賊徒固守，倍費攻取；繼又金賊劉合勃董、偽齊李成合陝西河北番偽之兵，多至數萬，並屯鄧州，力拒官軍。仰賴君相之祐，成此薄效。今既得之，實控上流，國勢所資，尤宜謹守，不可失也。

飛所乞六萬之兵，雖蒙朝廷俞允，然必待楊幺「賊」平，然後抽摘，第恐

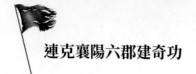

水勢未減,江湖浩漲,楊幺未可措手;縱待十二月與正月間,湖水減落,便能平治,邊面備禦已失機會。

飛今見管軍馬,兼撥到牛皋、董先兩項共 1,000 餘人,合飛本軍都計兩萬八千六百一十八人,輜重、火頭、占破在內。慾望詳酌,令湖南留韓京、郝晸兩軍在潭州彈壓外,將任士安、吳錫軍馬盡數起發,及江西軍馬內,令選擇成頭項者,勾撥三千人,湖北帥司崔邦弼、顏孝恭並撥付飛,相度分守。計此五項止是二萬人,內有不堪披帶、輜重、火頭之數,不下三五千人。余乞朝廷摘那,以足六萬之數。速賜造發前來,布列諸郡,以為久安之計。利害至重,恐不宜緩。伏望早降指揮施行。

後來,南宋朝廷基本上依從了岳飛的這些申請,並由岳飛委派官員,酌量分撥一定數量的人馬,去鎮守這新克復的 6 個州郡。岳飛本人則率領大軍回到鄂州和德安府去屯駐,並從事休整。

南宋政府隨即把襄陽府和郢、隨、唐、鄧、信陽劃為襄陽府路,詔升岳飛為靖遠軍節度使、湖北路荊襄潭州制置使。凡屬這一路各州縣守令政績的考核監察,也都委任岳飛相機措置。

岳飛按預定計劃收復失地,為南宋建立以來第一次,是朝廷君臣所沒有想到的。他們一向聽慣了敗兵失地的消息,因沮喪而麻木的心不免大大振奮了一下。他們稱讚岳飛「機權果達,謀成而動則有功;威信著明,師行而耕者不變。久宣勞於過國,實捍難於邦家。」

岳飛受封后,又建議朝廷:「金人所愛唯女子金帛,志已驕惰;劉豫悟偽,人心在宋。如以精兵二十萬,直搗中原,恢復故疆,誠易為也。襄陽、隨地皆膏腴,苟行營田,其利為厚。臣候糧足,即過江北剿戮敵兵。」

意思就是說要加緊襄陽等地的鞏固工作,以便以此為基地隨時準備北伐。

# 揮師北上，直搗中原

1135 年夏天，這半年多來，是趙構登基後最舒心的日子，去年秋冬，金偽聯軍大舉進犯淮西，春天被岳飛、韓世忠等擊退。

可以說，內憂外患都得到暫時的緩和。他心裡高興，特地發佈了一道很長的詔書，以表彰岳家軍這一新的「功勞」，並特授岳飛為檢校少保，加食邑 500 戶，食實封 200 戶，進封開國公。

岳飛白衣起家，列校出身，10 來年間竟官至檢校少保、開國公。這在一般世俗的人看來，真是飛黃騰達，青雲直上了。

然而，對岳飛來說，他多年來夢寐以求的並不是這高官厚祿，而是誓師北伐，喋血沙場，「迎二聖還以京師，取故地再上版籍。」

岳飛上書表達了自己的夙願，其他主戰派大臣也紛紛提出這樣的建議，可是他們不知道趙構內心的苦衷。

趙構一直記得秦檜南歸後曾對他說過的話：「要是恢復大功告成，二聖必將南返，陛下將何以自處？」趙構怎麼捨得放棄已經坐定的皇帝寶座？

趙構一向以孝悌之君自我標榜，這一苦衷自然不便和盤托出，因此，他不得不屈從公論，由主戰派大臣們去研究對付金、偽的軍事規劃，並命參知政事沈與求代擬手詔，假惺惺地表示：「腹心之患既除，進取之圖可議。」

岳飛奉到這樣的手詔後，立即致力於休兵養卒，蓄銳待敵，並廣泛聯絡中原的豪傑忠義之士，積極籌劃北伐中原的大計。

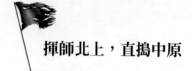

## 揮師北上，直搗中原

當年冬天，一直在太行山堅持敵後抗金的忠義保社首領梁興等，率領100多名驍勇的騎士，渡過黃河，越過長江，來到鄂州晉見岳飛。

岳飛就像對久別重逢的老友一般，熱情地接待這位遠近聞名的抗金英雄梁小哥。梁興等向岳飛報告了淪陷區的情況和那裡百姓盼望岳家軍北伐的迫切心情。

岳飛告訴梁興，北伐的時機看來已經成熟，皇上不久前已接受了主戰派大臣們的意見，準備進取中原，並且把全國軍隊一律改為「行營護軍」；韓世忠部駐屯承州，為「前護軍」；劉光世部駐屯太平州，為「左護軍」；吳新部駐屯川、陝甘地區，為「右護軍」；張俊部駐屯建康，為「中護軍」；岳飛部駐屯鄂州，為「後護軍」；王彥所率領的八字軍駐屯荊南，岳飛為「前護副軍」。

宰相張浚兼任都督諸路軍馬事，已經把都督行府設置在平江府，很快就要召集各路大將，共同商討恢復計劃。

梁興等人聽了，大為振奮。

岳飛為了增強趙構的決心和信心，立即將梁興等率部渡河來歸的事情及河北的情況，奏報了朝廷。

接著，岳飛派梁興等潛伏敵占區，聯繫兩河民間抗金組織首領，招募鄉勇，加固堡壘，以待宋軍北伐。當時的抗金領袖李通、胡興、李興等率兵投靠，將金軍的活動情況，以及山川關隘據實以告。

1136年農曆正月，岳飛從鄂州防地趕往平江府，參加由張浚主持的軍事會議。

南宋朝廷任命岳飛為北伐西路軍的統帥，從襄陽出發，直搗中原。

多年的願望終於實現了，岳飛興奮的心情可想而知，正當他屬兵秣馬，準備出發時，他70歲的老母突然病逝了。

岳飛悲痛至極，他對母親的感情是十分深厚的。母親雖然是一個普通的農婦，卻深明大義，正是她老人家在自己背上刺的「精忠報國」4個大字，激勵他走上抗金救國的戰場。

　　他離開家鄉以後，原配妻子劉氏改嫁，是母親在戰亂之中帶著自己兩個年幼的兒子岳雲、岳雷輾轉流離。

　　來到南方以後，生活也一直不安定，有時連飯都吃不上，母親也毫無怨言，最困難的時候，母親還捐出自己的一點傢俬支援軍隊。

　　岳飛對母親也是極為孝順的，只要軍務得閒，他總是侍奉在母親身邊，端茶送水，無微不至。母親年事已高，又不服南方水土，這幾年來一直多病，岳飛親自煎藥餵藥，在母親身邊連走路咳嗽都不敢出聲。

　　母親的去世，使岳飛沉浸在巨大的悲痛之中，一連3天，米水不曾入口，兩隻眼睛哭得又紅又腫。他立即奏報朝廷，請求解除軍職，以料理母親的後事，不等朝廷回報，便帶了岳雲，扶著老人的靈柩，由鄂州西上，送往盧山安葬。

　　一路上，岳飛光著腳，徒步撫棺而行，沿途的官民，無不為岳飛的孝行所感動。

　　岳飛隆重地安葬了母親，便留在盧山古廟東林寺裡為母親守喪。按照封建社會的規矩，父母死後，大臣必須解除職務回家，守喪3年。

　　可是，當時南宋的大兵已集中在江淮之間，與敵人的戰爭一觸即發。朝廷正急盼著岳飛盡快從西路出發，糧草也都集中到了鄂州，在這樣的緊急時刻，怎麼能允許岳飛在家中守喪呢！

　　趙構一面賜給岳飛銀1,000兩、絹1000匹，作為葬儀，一面又連發金牌諭旨，並派東宮使臣，前往東林寺，敦促岳飛立刻返回前線。同時降旨岳家軍全體官兵，令他們一同促請，如果岳飛不能及時返回前線，延誤軍機，他們也都要受到流放的處分。

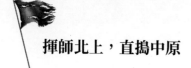

## 揮師北上，直搗中原

　　岳飛為難了，他怎麼能忍心讓母親孤獨地長眠在他鄉異土呢！他是唯一的兒子，他不盡孝道誰盡孝道？可是國難當頭，戰事急迫，他作為一軍的統帥，又怎麼能離開戰場而置身在這深山古寺中呢？

　　岳飛終於下定了決心。他來到了母親的新墳前，在墳頭上再添了幾捧土，在靈前再燒了幾張紙，焚了幾炷香，跪拜道：「娘啊！兒盡忠便不能盡孝，盡孝便不能盡忠，娘給兒刺字要精忠報國，兒就按娘的話去做，多殺敵人，以報答娘對兒的養育大恩吧！」

　　就這樣，岳飛又匆忙趕回前線。當岳飛於紹興六年七月份趕到前線時，戰局已經發生了很大的變化，由韓世忠任統帥的東路軍嚴重受挫，停滯不前，負責全面指揮這一次軍事行動的宰相張浚只好改變原來的計劃，由進攻轉為防禦。

　　岳飛首先派牛皋率兵去攻打偽齊的鎮汝軍。偽齊所派守鎮汝軍的薛亨素有驍勇之稱，牛皋在出發之前卻表示一定要把他活捉了來，獻俘於朝廷。到牛皋從鎮汝軍勝利歸來時，果然就帶來了一個活的薛亨，並全殲了他的部隊，只有偽齊的五大王劉復僥倖逃脫。十一月，薛亨被押往杭州的南宋王朝。

　　自燕京以南的地區，金人號令不行，無法控制。完顏兀朮強行徵召「簽軍」以對付岳飛，卻沒人響應。一貫驕橫的兀朮不禁嘆息道：「我從起軍以來，從未受過這種打擊！」

　　金大將烏陵思謀以凶悍狡詐著稱，對部下的恐慌浮動也毫無辦法，只能告誡他們道：「你們不要輕舉妄動，等岳飛來時立刻就投降。」

　　金軍統制、統領崔慶，將官李覬、崔虎、華旺等率領部眾，密制「岳」字旗幟，從北方來投降。金朝將軍韓常也打算率 5 萬眾歸降。

　　牛皋繼續揮師東進，橫掃潁昌府，殺得偽齊兵馬潰不成軍，望風披靡。

在派遣牛皋的同時，岳飛還派遣王貴、郝晸、董先等人去攻略偽齊統治的盧氏縣。董先等人以前曾在虢州地區活動過，熟知當地的地理民情，所以能馬到成功，不但攻占了縣城，還獲得敵人存儲在那裡的穀物有 15 萬石之多。

占領了盧氏縣城的岳家軍，以此作為基地，又分兵西去而攻取了商州，東由欒川縣、西碧潭、太和鎮而攻取了伊陽縣。伊陽與洛陽相距只有 50 多公里路程。

在分兵攻取商州和伊陽的同時，駐紮在盧氏縣的統制官王貴還委派第四副將楊再興等統率軍馬前去收復西京長水縣。

這支部隊於八月十三日進抵長水縣界內的業陽，在那裡遭逢偽齊順州安撫使張宣贊部下孫都統和後軍統制滿在，擁兵數千前來拒戰。

楊再興當即分佈軍馬，進行掩擊。當陣斬殺了孫都統及其士兵 500 餘人，活捉了後軍統制滿在和士兵 100 餘人，其餘殘部盡皆奔潰。

楊再興乘勝前進，於 14 日到達長水縣界的孫洪澗，在這裡又遇到張宣贊親率 2,000 人馬隔河列陣，便又帶領人馬，把他們打敗，張宣贊的人馬四向潰散。

這天晚上二更時分，楊再興占領長水縣。他把奪到的上萬馬匹和 10,000 餘石糧食，全部分散給當地的官兵和貧苦老百姓食用。

在岳家軍從襄陽長驅直入偽齊的統治區內之後，南宋王朝的大臣們便又慫恿皇帝趙構移駕建康，藉以振作江、淮間的軍事氣勢。

岳飛的大軍既然已經出動，以張浚為首和主戰派大臣們，便竭力鼓勵趙構移駕建康，以鼓舞士氣。趙構沒有理由推辭，勉強答應在九月一日起程。這天早晨，他由張浚、趙鼎等陪同，前往天竺寺敬香，算是預祝北伐大軍的勝利。

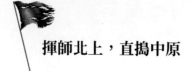

## 揮師北上，直搗中原

　　皇宮門前，儀仗、車駕都已排列得整整齊齊。趙構緩步走出宮門，與張浚、趙鼎談著岳飛兵馬出動的事。他一再強調說：「這是咱們第一次主動出兵，凡事都得謹慎小心，適可而止，不能操之過急。能拿下幾座城池，讓金、齊不至逼人過甚，也就罷了。千萬不要戀戰，以免增加不必要的麻煩。」

　　正談著的，岳飛的部下武翼郎李逼前來報捷：「岳宣撫的大軍旗開得勝，已經拿下了盧氏、長水等縣，繳獲了敵人大批馬匹和糧草。」

　　趙構聽到了岳家軍新立的這次戰功，雖很興奮，但他卻又擔心這捷報有誇張失實之處。他在途中與宰相執政官們談論此事，說道：

　　「岳飛的捷報，恐怕不無兵家緣飾之處。卿等可寫信給岳飛的幕屬，仔細叩問實情。這並非吝惜爵賞，只是要瞭解真相和措置機宜罷了。」

　　張浚知道岳飛取得的這次勝利，乃是他長時期經營的結果，便答覆趙構說：

　　「岳飛雄心甚大。現今既已到達伊、洛，則太行山一帶山寨首領必更易通謀。自從梁興等歸命以來，岳飛的意志就已十分堅決，就已著手經營進取的事了。」

　　趙鼎也接著說道：

　　「河東山寨首領，如韋銓忠等人，雖因力屈暫就金人招安，然還都據險自保，未嘗下山。器甲如故，耕種自如。金人只是加以防備，實際上卻對他們無可奈何。一旦岳飛能率王師渡河，那麼這些人必為我用。」

　　從張浚、趙鼎所說的這些話語，可知他們對岳飛聯結河朔的戰略決策實際上還都不甚瞭然。

　　岳飛這時已對河北相州一帶的民戶作了很多聯絡工作：凡是那地區中的關隘、渡口上的車伕、舵手，以至食宿店鋪中人，大都已與岳家軍建

立了聯繫，因而一切從事於反抗女真統治者的軍事活動人員，在那一地區都可以「往來無礙，食宿有所」。一些出賣彩帛的鋪子以及成衣鋪的人，也同樣有所聯繫，只要一朝有了實際軍事行動，他們便要拿出彩帛來縫製旗幟。

趙構聽了大臣們的話，遂相信岳家軍所立戰功，並立即下了一道〈撫問詔〉給岳飛說：

> 敕：叛臣逆命，屢寇邊陲。長策待時，始行天討。卿義不避敵，智慧察微，密布銳兵，指蹤裨將。陳師鞠旅，迸貔虎以憑陵；斬馘執俘，戮鯨鯢於頃刻。遂復商於之地，盡收虢略之城。夫瑕叔盈麾孟弧以登，勇聞舊許；公子偃蒙皋比而犯，功止乘邱；猶能著在遺編，名垂後世。有如卿者，抑又過之：長驅將入於三川，震響回驚於五路。握兵之要，坐圖累捷之功；奪人之心，已懾群凶之氣。精忠若此，嘉嘆不忘。故茲撫問，想宜知悉。

在南宋王朝作諫官的陳公輔，聞知岳家軍所取得的這些勝利，也向趙構上了一道《論已破汝、潁、商、虢、伊陽、長水，乞預防虜、叛會合之計奏札》，其中有云：

> 恭維陛下以九月初吉鑾輿順動，將撫巡江上之師，六軍已行，而京西嶽飛先已蕩平汝、潁，既而連破商、虢，又取伊陽、長水，捷音五至，中外稱快。

做江西安撫大使的李綱，在接到岳飛幾次告捷的書信之後，也在寫給岳飛的一封信中說道：

> 綱咨目，再拜宣撫少保麾下：自聞大旅進討，不果通記室之問。屢承移文，垂示捷音，十餘年來，所未曾有，良用欣快！伊、洛、商、虢間不見漢官威儀久矣，王靈乍及，所以撫循之者無所不至，想見人情之歡悅也。所願上體眷注，乘此機會，早建不世之勳，輔成中興之業，深所望於左右也。

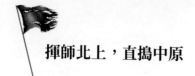

　　岳家軍這次進軍所獲得的勝利果實，確實是「中外稱快」，將士們的士氣也十分高漲。

　　行軍途上，秋雨綿綿，道路泥濘。將士們都赤著腳，戴著斗篷，艱苦地向前行進。岳飛也下馬步行，和大夥一邊走，一邊談。

　　張憲見岳飛沒有斗篷，把自己的脫了下來。遞給岳飛，岳飛拒絕了，他對大夥說：「要想建功立業，就要能吃苦耐勞，經常在艱苦的環境中鍛鍊自己。這點雨算得了什麼？」

　　將士們聽了岳飛的話，都把斗篷從頭上取下。雨愈下愈大，天色漸漸暗下了，岳飛等準備到一座寺廟中過夜。離寺廟不遠的地方，有一座小山，在暮雨中宛若一堵城牆，岳飛站在廟前，望著山巒，不禁回想起 10 年前黑夜偵察燕京城的情景。

　　「你們可曾有人見過黃龍府嗎？」岳飛指著蒼茫暮色中的山巒，對部屬們說：「我曾經到過那座城下，那兒的城垣如同這小山一般高。這次咱們一定要殺到那兒去。以前我非常喜歡喝酒，喝醉以後，也曾做過一些錯事。我死去的老母要我戒酒，後來皇上也當面勸我不要喝酒，從此我就再也沒有沾過一滴。等到咱們打下了黃龍府之後，我不僅要賞賜你們兩駱駝的金子，而且還要開酒戒，和你們痛飲一番！」

　　一名將官說：「我們平時都知道宣撫志在恢復中原，今天才知道宣撫不僅要恢復中原，還要直搗幽燕。」

　　然而，岳飛的雄心壯志，卻未得到實現。岳家軍在沈、洛地區取得了軍事上的巨大勝利，但是京西兩路因長期戰亂，人煙稀少，數萬大軍的供應十分困難。

　　岳飛將情況如實向朝廷呈報，要求增派軍隊，接濟糧草。對於這一請求，朝廷卻沒有回音。岳飛分析岳家軍孤軍深入危險，不得不作出這樣的

決定：留下少量人馬，以控制商州全境和虢州的部分地區，自己則率主力返回鄂州。

1136 年農曆九月中旬，岳飛率部班師。他騎著駿馬，走在大隊人馬的後面。在一座山崗上他駐馬回頭眺望：眼前是尚未收復的城池，和城中被奴役著的千家萬戶；更遠的地方，該又有多少村落雞犬不鳴，炊煙不起，百姓遭殃啊！

如今國勢日張，諸將勇銳，士卒思奮，北定中原已經指日可待。可是，為什麼朝廷卻既不派一兵一卒來支援，又斷絕了糧草的接濟，使恢復大計功虧一簣呢？

岳飛真想命令大軍回頭與敵人決一死戰，但考慮到敵人的精銳部隊都集中在這裡，而自己只是孤軍一支，不到必要的時候，決不能讓這支北伐大軍的元氣遭受損傷。於是，他強壓下滿腔的怒火，勒轉馬頭，繼續率領大軍南撤。

雖然如此，岳飛仍無時無刻不堅信自己一定會奪取最後的勝利。他念念不忘地盤算著：只要全局部署得當，他的這支岳家軍不但可以制勝黃河以南的敵偽軍，而且可以北渡黃河，去克復幽燕。

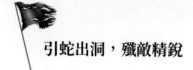
# 引蛇出洞，殲敵精銳

　　這次北伐，岳家軍深入河南，朝廷籌措糧草不得法，以致前線士卒，常受饑餓威脅，甚至餓死，這就嚴重影響了軍隊的戰鬥力。面對這種嚴峻的困難，岳飛只得忍痛撤軍。已經克復的州縣再度陷於偽齊的統治下，歡迎和支持岳家軍的人民受到了殘酷的報復。

　　岳飛憤慨萬分，熱血沸騰。他感到壯志難酬，雖然他因戰功卓著屢獲官爵，但這不是他的初衷。收復失地，報仇雪恥才是他孜孜以求的志願。

　　岳飛回到了鄂州的官署。虢、洛之役功敗垂成，他心中積滿了憤怒，再加上連日秋雨，更使他悶悶不樂。

　　薄薄秋雨終於停止了，岳飛登樓凝望波濤洶湧的大江，往事在腦海中一幕幕浮現。從軍 14 年來，戎馬住懍，經歷了大小千百次戰鬥，走遍了長江大河的兩岸，為了北伐中原，收復失地，報仇雪恥，迎還二聖，自己出生入死，吃盡千辛萬苦。

　　可是，整整 14 年了，自己和將士均還站在這大江南岸，敵人的鐵騎還在中原地區縱橫。雖然自己 30 來歲就從白衣榮升為節度使和檢校少保，但個人的功名利祿又何足掛齒？自己的宏圖壯志並沒有能夠實現！

　　繼克復襄漢 6 州郡以後，這次又深入虢、洛，出奇制勝，全軍上下的戰鬥情緒這般高漲，為什麼卻處處受到掣肘？對敵人的無比仇恨和對朝廷怯懦無能的憤慨，使他熱血沸騰。

　　岳飛登樓眺望北方，放懷遐想，吟出一首流傳千古的〈滿江紅〉：

怒發衝冠，憑欄處、瀟瀟雨歇。
抬望眼、仰天長嘯，壯懷激烈。

三十功名塵與土，

八千里路雲和月。

莫等閒、白了少年頭，空悲切。

靖康恥，猶未雪，

臣子恨，何時滅！

駕長車、踏破賀蘭山缺。

壯志饑餐胡虜肉，

笑談渴飲匈奴血。

待從頭、收拾舊山河，朝天闕。

1136 年冬天，狡猾的劉豫趁岳飛率主力外出支援之機，勾結了完顏兀朮，以強大的兵力，分三路，向岳飛所管轄的襄陽一線進犯。這一地區只有小部分兵力，防守十分虛弱，各地告急的文書如雪片一般飛向岳飛大營。

岳飛接到情報，顧不得嚴重的眼疾，立即回師。留守襄陽地區的岳家軍將士個個都是英雄好漢，他們在敵強我弱、外無援師的情況下，人自為戰，一次又一次伏襲敵人。

等到岳飛千里急馳而回時，劉豫已將他的大部隊龜縮到蔡州城裡去了。

岳飛決定親赴蔡州城查看敵人的虛實，見機行事。守在蔡州城裡的，是劉復和李成、孔彥舟等人，妄圖在蔡州遏止岳家軍的攻勢，偽齊差不多把所有的精銳部隊都調集到這裡來了。

為了確切地瞭解敵軍在蔡州的城防情況，岳飛乘夜提兵去作了一次試探性的進攻。

在一個寒冷的深夜，岳家軍兩萬人悄悄出發了，約在三更時分，部隊到達蔡州城下，岳飛親自到城下偵察，在依稀的星光下，看得出蔡州城牆又高又厚，城壕既深且寬，城頭上並不見有士兵防守，只有幾面黑旗豎在那裡。

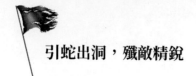

## 引蛇出洞，殲敵精銳

岳飛命令小股隊伍作一次佯攻，那些黑旗便立即擺動，於是一隊隊偽齊軍隊便登城抵禦，等到岳家軍停止進攻時，他黑旗又撤到城下。

岳飛沉思片刻後說：「看到敵人防守十分嚴密，強攻必然曠日持久，咱們兵少糧缺，先撤軍吧！」

岳飛的部下董先說：「咱們一撤，敵軍一定會出來追擊的。」

岳飛說：「那就好了，能引出來就好打了。」

敵軍果然出來追擊，岳飛令董先斷後。敵人的偵察兵中，有一人和董先營中的一名士兵是親戚，他悄悄追了上來，報告說：「我們知道你們岳家軍號稱兩萬，其實真正能披掛上陣的只不過 14,000 人，只帶了 10 天口糧。我們那邊李成等 10 位大將，每人領兵 10,000，早已佈置好了，一定要把你們圍殲，然後一直打到鄂州。我們士兵每人都發了一根繩子，統帥說了，只要捉住岳家軍，便捅穿了手心，用繩子貫穿起來，10 個人一串。勝利之後，劉豫獎給那 10 位大將每人一處華麗的住宅，10 名宮女。」

董先不敢怠慢，立即將這一情況報告了岳飛。岳飛笑著說：「又是李成，吃了那麼多的敗仗，還有臉來跟我較量，我看那住宅他們住不上，宮女也享用不了！」於是找董先秘密計議一番，自己率了大軍依舊撤退。

董先將自己殿後的部隊分成幾小股，在附近森林中隱蔽起來，自己單槍匹馬，守候在一座河橋上。

此時天色已經漸亮，不一會，果見李成率了大隊人馬蜂擁而來，見了董先，便搖晃著手中的繩索大叫道：「你別跑，今天我先要把你擒下！」

董先也大聲回答：「我決不會跑，只怕你會跑掉！」

看到董先如此鎮定，李成倒犯疑了，莫不是四周有伏兵？他先派出一隊軍馬來挑戰。

董先一揮手，叢林之中立即衝出一兩隊戰士前來應戰，待到李成的隊伍退下，董先的隊伍也返回叢林之中。如此相持好久，鬧得李成疑神疑鬼，進退兩難，正當他舉棋不定時，突然聽見震天的殺聲從山上傳來，他抬頭一看，不由嚇丟了魂，只見一股鐵流從山中湧出，為首的便是令他喪膽的岳元帥。他也顧不了大隊，自己搶先奪路而逃，於是偽齊軍全線崩潰。

逃了幾十里，到了一個叫做牛蹄的地方，這才停下來喘喘氣。可還未等他坐定，又是一片殺聲響起，四周的山崗上，驟然之間立起了一片如林的戰旗，岳家軍如猛虎下山般衝了下來。

剛剛聚集起來的偽齊軍，頃刻之間亂成一團，被岳家軍殺得個七零八落，屍體填滿山谷。李成單身匹馬而逃。

這一仗，俘虜了敵軍將官幾十人，士兵數千人。

岳飛對這些士兵說：「你們不要害怕，本帥不會像李成那樣用繩子穿入手心，我知道你們都是大宋的百姓，不幸被劉豫驅趕到此，這也不是你們願意幹的。」

岳飛接著說：「我現在把你們全都釋放，你們見到中原父老之後，要把大宋朝廷的恩德告訴他們，等到大軍前去收復中原時，大家都要隨同當地的豪傑，起來響應官軍。」

俘虜們歡呼起來。岳飛吩咐左右說：「給他們每人發一兩銀子，5斤乾餅，放他們回去。少數敵偽將校，則被押送臨安處置。」

1137年，岳飛由於進軍陳、蔡所建的功勳而受到褒揚，官階由檢校少保晉升為太尉。部將董先、牛皋、王貴等人也都得到了晉升。

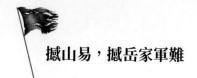

# 撼山易，撼岳家軍難

　　進軍蔡州回來後，岳飛的眼疾一天好似一天。他從病痛的折磨中解脫出來，便以更加旺盛的精力來整軍儲糧，並進一步加強「連結河朔」的工作。

　　前線戰事的暫時緩和，使岳飛得以靜下心來認真總結不久前兩次大戰的經驗教訓：一次是進軍河、洛，雖然出奇制勝，接連打下了盧氏、長水、穎昌、上洛等許多縣城。但是終以錢糧不繼，不得不將前線的兵馬撤回。

　　另一次是進軍陳、蔡，儘管一直打到了蔡州城下，又因為全軍只帶了10天糧食，無法持久作戰，不得不再次撤軍。兵馬未動，糧草先行，這對於北伐用兵，確是直接關係到能否取得勝利的重要因素啊！

　　幾年來，岳飛詳思極慮，渴望能解決部隊的給養問題。3年前，他就開始利用荒地，進行營田。他將無主的土地劃作官田，交給百姓耕種經營，並設法幫助他們解決缺乏種子、農具、耕牛的困難。

　　收穫以後，官家與百姓分享成果。這辦法已初見成效。不久前岳飛兼任了營田大使，便抓緊進行大規模的營田，以彌補岳家軍10萬將士及其家屬供應的不足。

　　據當時的有關記載，岳家軍在1138年每月用糧70,000多石，而營田所得稻穀每年可達18萬石以上，足供全軍兩個半月的需要。

　　岳飛還選派李啟等精明能幹的經濟人才，負責官府和軍隊開設的槽坊，並進行商業活動，每年可獲利158萬貫錢。岳家軍每月支出錢56萬貫，此數可供3月之需。岳飛不但花了很大的氣力去開闢財源，解決部隊的給養問題，而且從不像別的大將那樣剋扣士兵的糧餉。

有一次，幕僚黃縱和一位士兵談起部隊的給養問題，那士兵說：「獨有岳宣撫軍中給養規定多少就實得多少，從不減克一文。」

宋朝統兵的武將一向俸祿優厚，節度使每月「祿粟」150石，「料錢」300貫，還有數以千、萬貫計的公用款。因此，不少大將如劉光世、張俊等人的生活，都是窮奢極欲，連韓世忠也不能避免。

岳飛當時雖已官至太尉，既有武勝定國軍節度使的虛銜，又有湖北京西路宣撫使兼營田大使的實職，可是他卻自奉甚薄，始終與士兵同甘共苦，保持艱苦樸素的生活作風。

宋代的文武大臣大多蓄姬納妾，沉迷酒色，即使像韓世忠這樣的愛國名將，也在所難免。據史書記載：建炎二年，玉淵、張俊和韓世忠為爭奪一名周姓的女子，竟至殺害了宋朝的宗室趙叔近。紹興十年，呼延通因與韓世忠爭奪名妓韓婉，而被迫自殺。至於劉光世等，更是姬妾滿堂，縱情享樂。唯獨岳飛只與李氏夫人情深意篤，直到他殉難之時。

有一次，川陝宣撫使吳玠，派遣一名使者到鄂州洽商軍務。岳飛在軍營設宴款待。使者以為岳飛也同抗金名將吳玠一樣，必然會在宴席上以歌妓來情灑助興，不料直到宴罷席終，陪客的只有將佐和幕僚，卻不見一個女子。他回去後，將此情況告訴了吳玠。

吳玠為了討好岳飛，特地用2,000貫錢買了一名美女，並委派兩位親信部下的妻子把美女送到鄂州，贈予岳飛。

岳飛先不與美女和兩位陪送的夫人見面，而是將她們安置在一間居室中，隔著屏風對她們說：「我這一家人，穿的全是布衣，吃的全是粗菜麵食，女娘子如能過得慣這種生活，就請留在這裡，如果不能，則不敢相留。」

岳飛終於連那美女的面都沒有一見，就將她退了回去。有人說川陝與鄂州毗鄰，勸岳飛留下美女，可以和吳玠搞好關係。岳飛認為，「國恥未

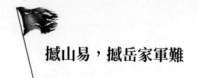

雪」，決不是「大將宴安取樂」之時，而堅決加以拒絕。

岳飛屢建戰功，皇帝賞賜甚豐。他常常將朝廷所賜，或分贈有功的部將，或犒賞有貢獻的軍士。

有一次，岳飛命人將自己家裡許多值錢的器物變賣，用所得的錢款製作弓箭，供部隊使用。幕僚黃縱對他說，作戰使用的兵器，理應用支付官府的公款去製造。

岳飛聽了，淡淡地回答說，請求撥官費製作兵器、手續繁多，要上好幾個簽呈，方能求得若干撥款。現在既然軍隊急需，還是由自己宅庫中設法支付吧！

趙構為了籠絡岳飛，準備撥出一筆款子，為他在臨安建造一所比較像樣的府第。岳飛引用漢代名將霍去病的典故，再三辭謝說：「敵酋未滅，作為臣子不能過多地考慮這個問題。」

岳飛的部隊每次安營紮寨的時候，他命令將士下陡坡跳戰壕，將士們都穿著厚重的鎧甲練習。岳飛的兒子岳雲曾經練習下陡坡，馬失蹄了，岳飛憤怒地拿鞭子抽他。

兵卒裡有拿百姓一縷麻用來綁草堆的人，岳飛立刻斬殺了他來遵循法令。士兵們晚上休息，百姓開了自家的門願意接納他們，沒有敢進入的兵卒。

岳飛部隊的軍號是「凍死不拆屋，餓死不打擄。」士兵有疾病，岳飛親自為他們調藥；各個將士到遠方戍邊，岳飛派遣妻子問候慰勞他們的家屬；死於戰事的士兵，岳飛為他們哭泣而且養育他們的孤兒，或者把兒子和他們的女兒婚配。大凡有頒獎犒賞，平均分配給軍官小吏，一點都沒有私心。

岳飛擅長以少勝多。他想要有所舉動的時候，就全部招集各個統制來一起謀劃，決定了計謀以後再戰鬥，所以只有勝利沒有失敗。他突然遇到

敵人的時候，就按兵不動。所以敵人說他們是：「撼山易，撼岳家軍難。」

張俊曾經問岳飛用兵之術，岳飛說：「仁義、智慧、信心、勇氣、嚴格，缺少一樣都不可以。」他調配軍糧，一定會皺著眉頭說：「東南百姓的力量，消耗凋敝得很嚴重。」

荊湖平定，招募農民經營田地，又作為屯田，每年節省一半的漕運。皇帝親手書寫曹操、諸葛亮、羊祜3人的事跡賞賜給他。岳飛在文章後題跋，單單指出曹操是奸賊所以鄙視他，特別被秦檜所討厭。

張所過世了，岳飛感念他的舊恩，養育他的兒子張宗本，上奏請求給他一個官職。李寶從楚地來歸順，韓世忠留下他，李寶痛哭著要歸順岳飛，韓世忠用書信來告訴岳飛，岳飛答覆說：「都是為了國家，何必分你我呢？」

岳飛每次推辭官職，一定說：「將士們效力，岳飛有什麼功勞呢？」但是忠心悲憤太激烈，發表議論保持正直，不因別人而挫敗，就因此得到了禍患。

岳飛有個舅舅姚某，平時倚仗岳飛的聲望，胡作非為，侵掠百姓。岳飛知道後，不便親自責罰，就告訴母親，讓她出面說明。姚某惱羞成怒，認為岳飛妄自尊大，冒犯尊親，就想伺機報復，一次與岳飛同行，至無人處，突然催馬向前趕了幾步，取下弓來，轉身就射岳飛，慌張之下，射在馬鞍上。

岳飛大怒，飛馬上前，將正要放第二箭的舅舅掀下馬來，用佩刀一刀砍死。岳飛的這個舉動在當時引起巨大影響，很多人認為岳飛罰不避親，為民除害，從而對岳飛更加敬畏起來。

當然也有人認為岳飛過於絕情，就是深明大義，親手在岳飛背上刺下「精忠報國」4字的岳母也一時不能原諒他，並對他大行家法，讓他跪在

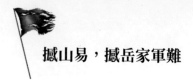

祖像前，怒聲喝斥。但不久，她就慢慢想通了，原諒了兒子。不如此何以服眾呢？眾人不服又怎能報國呢？

除有過必罰外，岳飛還有功必賞，善待士卒。一個嚴冬的日子，岳飛的一個幕僚在軍營巡視，發現一個士卒衣著單薄，在寒風中凍得直發抖，便上前問道：「你的上司是不是剋扣了你的軍餉？這樣寒冷，難道沒有怨言？」

士卒卻回答說：「其他將領經常剋扣軍餉，自從跟隨岳宣撫以來，從來沒發生過這種事。他從未剋扣過我們一文錢。我之所以穿得單薄，是由於家累太重，所得軍餉大半都接濟了家人的緣故，我感激都來不及呢，哪能忘恩負義，抱怨岳宣撫呢？」

# 請求解職，退居廬山

冬去春來，轉眼到了 1137 年 2 月，岳飛帶了部分親兵，快馬加**鞭**，兼程趕往平江府。他是在接到朝廷命他「前來行寨奏事」的省札後，前往接受趙構的召見。

趙構為什麼一再要三省、樞密院以省札傳達他的旨意，命岳飛到行寨平江府奏事呢？這還得從劉光世的問題說起。

劉光世是南宋三大武臣之一，另外兩人為韓世忠和張俊，但劉光世驕惰貪鄙，膽小如鼠，在對金、偽齊的戰爭中毫無建樹，而且一再誤事，數萬大軍白白消耗國家大量錢糧，引起了朝野的普遍不滿。

迫於輿論的壓力，趙構解除了劉光世的兵權。劉光世的部隊被稱為淮西軍，是南宋軍隊中的主力之一，把它交給誰呢？趙構最先想到的是岳飛。

當時，岳飛已升格為宣撫使，這是一個與宰相平級的官職，而他的太尉頭銜又是武臣中級別最高的，他與劉光世的地位已經相同，由他來代替，自然更合適。

1137 年 3 月，岳飛收到了兩份文件，一份明白指示，劉光世所統官兵 52,312 人、馬 3,019 匹，都交給岳飛指揮。另一份文件是趙構親自寫給劉光世部將王德等人，而要岳飛轉交的「御札」，趙構明確指示他們今後聽從岳飛的號令。

接著，趙構召見了岳飛，親自對他說：「中興之事，朕全部委託給你，除了張俊、韓世忠以外，其餘部隊都由你節制。」

這意味著，除了張俊、韓世忠二人的部屬，其餘朝廷所有部隊都歸岳飛指揮，這些軍隊加在一起約有十六七萬人，而張、韓兩支隊伍加在一起才只 10 萬人。

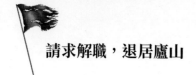

## 請求解職，退居廬山

　　對於皇帝如此的信任和器重，岳飛萬分感奮，他決心更加盡心竭力報效皇上，於是很快便向趙構呈送了一份恢復中原的大計，計劃用 3 年時間，全部收復失土，使皇帝重返開封故都。

　　趙構讀了以後親筆批示說：「有你這樣的大臣，朕還有什麼可以憂慮的，進軍的事由你安排，我不干預。」

　　正當岳飛準備接受劉光世的部隊時，趙構忽然變了卦，給岳飛寫了一封親筆信說：「原來交由你轉給王德的那份『御札』，等到朝廷發佈正式文件之後再作處理。」

　　岳飛看出皇帝要反悔，便去找宰相張浚詢問其中的原委，因為張浚原來也是同意由他接管劉光世的淮西軍的。

　　哪知見面之後，張浚彷彿根本不知道有過這麼一回事，先發制人地問道：「淮西軍交給王德去指揮，我再派呂祉去給他做參謀，你看怎麼樣？」

　　呂祉現任兵部尚書，是張浚的心腹。岳飛已完全明白了張浚的心思，他是想把這支部隊控制在自己手裡。

　　為了抗金大計，岳飛也顧忌不了得罪張浚，直率地回答：「淮西軍有許多叛將盜賊，這些人反覆無常，王德與淮西軍的另一位將領酈瓊的地位不相上下，現在讓他受王德的指揮，他必不服氣。呂尚書雖然很有學問，不過不大懂軍事，不能服眾，我看還是另選一名大將去掌握這支部隊，才能穩定軍心，要不然會出亂子的！」

　　張浚又問：「張俊怎麼樣？」

　　岳飛回答說：「張將軍是一名老將了，原來是我的上司，我瞭解他，他脾氣急躁而且缺少謀略，酈瓊等人也不服他，未必能鎮得住！」

　　「楊沂中呢？」

「楊沂中與王德地位相同，怎麼能去指揮他？」

張浚惱怒了：「我早就猜出你的意思，這支軍隊是非交給你不可了！」

岳飛也氣憤地回答：「宰相既然問我，我自然應該說出我的看法，我並不是非要這支軍隊不可！」

兩人不歡而散。岳飛懷疑是張浚從中作梗，便親自去謁見趙構，作最後的一次爭取。趙構一見他，卻明知故問：「按照你的計劃，恢復中原得要幾年？」

岳飛如實回答：「大約得三年。」

趙構沉下臉說：「我現在住在建康，正依靠淮西軍來保衛，如果你把他們調去收復中原，萬一收復不了，連建康和杭州的安全都保不住，這就嚴重了！」

趙構這是在威脅。岳飛看出來了，皇帝和宰相事先已經串通好了，事情已經毫無希望，一腔熱血頓時凝成冰團。

岳飛懷著極度失望的心情離開建康，返回他的襄陽防區，當他乘船沿江而上時，心潮也如同大江一樣起伏難平，默默思忖著這次變化的奧妙。

看來朝廷對他手握重兵很不放心。宋朝自立國以來，就對掌握兵權的武臣懷有猜疑和恐懼，開國皇帝宋太祖「杯酒釋兵權」的故事，為以後的皇帝確立了一個準則，從此宋朝重文不重武，因此一百多年來，對異族的侵凌，只是一味求和退讓，劃地送錢，失去了一個泱泱大國應有的尊嚴。

到了如今，在經歷了亡國破家的慘痛之後，正是需要發奮圖強之時，朝廷對武臣還是這樣地不信任，莫非以為他岳飛掌握了大權之後，會有什麼不軌之舉嗎？朝廷這樣的不理解他、猜疑他，使他感到十分痛苦。

當船經過江州時，岳飛想起了安葬在江邊廬山上的母親。一年多以

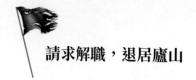

## 請求解職，退居廬山

前，他盡忠棄孝，匆匆拜別母親的墳塋，此後在沙場奔走，他再也未能來母親的墳前祭掃，對母親的深深負疚之情向他襲來，他慨然嘆道：「該盡一盡對母親大人的孝道了！」

於是，岳飛修了一道奏章上報朝廷，請求解除軍職，退居廬山，繼續為母親服喪，也不等朝廷的回覆，便舍舟登岸，回到廬山東林寺旁。

對於岳飛的辭職，趙構以為是對他的不滿、不敬，很是惱火。可是一些有正義感的大臣認為這完全是由於皇帝的出爾反爾、舉措失當造成的，因而為岳飛打抱不平。

趙構擔心由此引起大臣的人心離散，再說岳飛確是一位不可多得的大將，以後還很需要他，便封還了岳飛的奏書，並親自寫信表示挽留。

岳飛寒透了心，他再也不相信趙構那些冠冕堂皇的話了，他執意不再出山，趙構連下三道「御札」都未能說動他。

岳飛這樣地不肯聽命，趙構真的動怒了，他以朝廷的名義，給岳家軍的參議官李若虛、統制王貴下了一道嚴屬的命令，要他們親自去請岳飛返回軍營，若是請不出，就要將他們及岳家軍的其他將領軍法從事。

李若虛、王貴來到東林寺拜見了岳飛。

王貴說：「岳帥，自你走後，張浚派了他的心腹張宗元來接管軍務，看樣子想把咱們吞下去，眾將士紛紛不安，人心混亂，你若再不回去，咱們岳家軍可就要解體了！」

岳飛感嘆說：「他們願接管就讓他們接管吧！我岳飛不帶一兵一卒，他們大約也就放心了。」

李若虛看出來，不把話說重些，很難說動岳飛，便嚴肅地說：「將軍這樣一再抗拒朝命，決不是一件好事，朝廷必然會懷疑將軍，將軍原來不過是河北一農夫，受天子的委託，得以掛帥統兵，將軍難道以為自己能

和朝廷相對抗嗎？將軍執意不服從朝命，我們勢必受刑而死，我們多年來追隨將軍出生入死，究竟有什麼對不起將軍的地方？如果我們真的因此而死，將軍難道不感到羞愧嗎？」

面對著這些和他並肩戰鬥的部將，岳飛動搖了。終於返回襄陽赴任。可是從此趙構和岳飛之間出現了裂痕，而這道裂痕又因一件新發生的事情而繼續擴大。

對於岳飛的巨大的聲望，宋高宗很是不安，他不敢將更大的兵權交付給岳飛。

# 上書奏請立太子

由於趙構、張浚的舉措荒謬，終於導致了淮西軍的叛變，酈瓊殺了呂祉，裹脅了淮西軍近 10 萬名官兵及眷屬投降偽齊劉豫去了，張浚因此被免去了宰相的職務。

事實證明了岳飛是完全正確的。可是，岳飛下山以後，還不得不一再向趙構上書請罪。

就在岳飛返回襄陽上任不久，得到了一個情報：金人對偽齊皇帝劉豫已經失去了興趣，要將關在北方的宋欽宗的兒子趙湛送回開封，立為皇帝，形成南方、北方兩個趙姓的宋朝皇帝，早在北宋滅亡以前，趙湛已被立為皇太子，因此，從皇位繼承製度來說，趙湛也是十分合法的。

可是，如果這一陰謀得逞，勢必會在擁護趙宋王朝的臣民中引起混亂，甚至導致分裂，岳飛對此深感憂慮。

1137 年農曆九月間，岳飛奉詔去建康奏事，和他同去的有隨軍轉運使薛弼。在船上，岳飛向薛弼嚴肅地說道：「我這次入朝，還要向皇上奏請一件有關國家根本的大事。」

薛弼看他說得如此認真，忙問是什麼事。

岳飛將上面的情況告訴了薛弼，說：「我想請皇上將建國公正式立為太子，這樣金朝的陰謀就難以實現了。」

建國公叫趙伯瓊，即後來的宋孝宗趙昚，他是趙構的侄子。15 年前的一個深夜，當趙構在揚州的行宮中擁著妃子尋歡作樂時，突然聽說金人的大軍兵臨城下，受了驚嚇，從那以後，便失去了生育能力。幾年以前，他將趙伯瓊迎進宮中收養，很明顯是要立為繼承人的。

立太子是封建皇朝的一件頭等大事，立誰，在什麼時候立，只能由皇帝本人決定，一般大臣不宜過問，否則便會落下個「陰謀廢立」、「離間骨肉」、「巴結皇子」等可怕的罪名，更何況趙構此時才 31 歲，誰知道以後還會出現什麼情況呢？薛弼不便多表態，只是告誡岳飛要慎重。

船沿著長江順流而下，岳飛卻無心觀賞兩岸絢麗的秋色，終日在船中握筆習字。岳飛雖然是名武將，閒暇時卻常好寫詩填詞，也常練習書法，他的行書、草書寫得都是很不錯的，不過這一回他卻在一筆一畫地練習端正的小楷。

原來，岳飛習寫的正是請立趙伯瓊為太子的奏書。

薛弼看到岳飛如此認真，不禁有些替他擔心，勸告他道：「足下身為大將，對這種事情還是少過問為好！」

岳飛明白他的意思，不過他自覺心地坦蕩，便答道：「我身為大臣，受皇帝厚恩，不應當有那麼多的顧忌。」

到了建康，入朝奏事以後，岳飛便取出了他的奏書，對趙構誦讀起來。他過去與皇帝所談，全是用兵打仗的事，自然應對如流，而現在誦讀的，卻是有關政治方面的事，他畢竟不大熟悉皇家有關這種事情的種種規定製度，而且他對提出這種事究竟合適不合適，心中也不大有底，這麼一猶豫，讀的時候便有些結結巴巴。

這時，一陣微風吹來，手中的奏紙隨風抖動，彷彿岳飛的手在顫抖一樣。這種異於往常的表現，使趙構不由得猜疑起來：岳飛為什麼這樣緊張？

聽完奏書的內容，趙構不由得警惕起來，聯繫到在淮西軍歸屬問題上岳飛的種種作為，一片陰影籠罩上心頭：莫非有叛我之心？這種武將若是有了二心，那就太可怕了！但他畢竟只是猜疑，並無根據，他也不好

發作，只是臉色十分陰沉地說：「你是一個手握重兵的人，不應當參與朝廷中的這種事情。」

過去每次陛見皇帝，都是在他取得大勝或受命出征之時，從皇帝那兒聽到的，都是獎諭和鼓勵的話，何曾有過像今日這樣含有怒意的警告！這話似乎證實了岳飛的想法，皇帝對他握有重兵很不放心。岳飛的心情更加沉重了。當他退殿之時，面色如同死灰一般。

趙構接著召見了與岳飛一起來的薛弼，問及岳飛的近況。薛弼回答說：「臣在岳飛帳下供事，從來不見他同別人議及此事，他這一次密奏，也是自己在船中自撰自抄的。」

趙構這才放心了些，不過，他在同新任宰相趙鼎談話時，還是表示出了憂懼之心。

趙鼎立刻找到薛弼說道：「岳飛怎麼能這樣不知分寸，他身為大將，領兵在外，怎麼能干預這種朝廷大事？你去對岳飛說一聲，這可不是保全自己功名、善始善終的做法！」

事情就這樣過去了，但是，趙構同岳飛之間的鴻溝卻因此而更加深了。

# 欲進不得，欲罷不能

淮西兵變，朝野大嘩，張浚不得不引咎辭去宰相和都督的職務。相位的空缺由誰來填補便成為了一個問題，趙構首先考慮的人選是秦檜。

5年前，秦檜因「專主和議，沮止恢復，植黨專權」，受到彈劾而被罷相。直到這年春天，因張浚和趙鼎意見分歧，無法共事，趙鼎辭職，秦檜才出任樞密使，地位僅次於張浚，趙構詢問張浚對秦檜的看法，張浚回答說：「我最近和他共事，方始知道此人昏庸不明。」

趙構於是決定起用趙鼎擔任宰相。他要趙鼎決定秦檜的去留問題，趙鼎卻認為秦檜不可去。趙鼎雖然不反對降金，但並不是一個富有進取心的人物。他原先與張浚的分歧之一，便是張浚力主將行寨遷往建康，而他則圖謀撤回臨安。

秦檜一貫主張投降，因此在行寨後撤問題上，同趙鼎的意見不謀而合。秦檜既然留在朝廷中，並且仍舊擔任重要的職務，這就使得投降派漸漸占了上風。不久，就「議定回隊」、「復幸浙西」，小朝廷終於回到了臨安府。

當時，宋金對峙的形勢又發生大的變化。自從金太宗完顏晟於1135年春病死，由完顏亶繼承帝位以後，以往炙手可熱的軍事首腦粘罕，遂逐漸失勢。

當年秋天，粘罕因罪被處死，偽齊劉豫失去了靠山。九月中旬，金朝的尚書省和元帥共同向金熙宗完顏亶上了一道論劾偽齊的奏章，建議將他廢黜。金朝皇帝准奏。

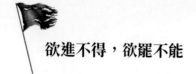

## 欲進不得，欲罷不能

金熙宗的批覆下達時，正巧劉豫想再次發兵攻宋，派人向金乞求相助。金廷即以召開軍事首腦會議的名義，誘俘了劉豫之子劉域，接著又派騎兵將劉豫捕獲，然後正式頒發詔令廢黜劉豫，取消偽齊。於是，偽齊的文臣武將，如知臨汝軍崔虎、知蔡州劉永壽、知亳州宋超、統制官王宗等，紛紛反正，率眾歸附南宋，其中大部分投奔了鄂州岳家軍。

金朝首領根據這一形勢，進一步採用「以和議佐攻戰」的策略，向宋廷呼籲和談，並表示可以考慮歸還黃河以南的地域，以及徽宗的梓宮和趙構的生母韋氏，甚至還放出風聲說，準備釋放欽宗回汴京等。

時局的急據變化，為宋軍北伐提供了大好時機，滿朝文武大多企盼趙構能採取果斷的行動，岳飛更是火速上書請纓北伐。

然而，趙構這個宋廷最高決策者的想法卻完全不同。他一怕宋、金之間失去了偽齊這一緩衝勢力，更容易發生直接的軍事衝突；二怕萬一金方果真將欽宗趙桓放回，自己的皇帝寶座就難以穩固。因此，他堅決反對北伐，主張議和。

為了與金人達成和議，趙構進一步重用秦檜，於1138年農曆三月委任秦檜為右僕射、同中書門下平章事兼樞密使。秦檜原是金派遣來的內奸，對於趙構的屈膝求和路線，當然極盡出謀劃策之能事，很快便與金廷接通了關係。

當年五月，女真貴族決定派遣使臣烏陵思謀前來臨安府，商談議和事宜。消息傳來，南宋朝野頓時「物議大洶」。

群臣紛紛表示，對金廷的使臣千萬不可深信。反對和議的洶湧浪潮，弄得趙構很不高興，常常大發脾氣。宰相趙鼎雖然怯懦，可也不贊成投降，因而辭職。秦檜正好取而代之。

烏陵思謀等人到了臨安府，態度十分傲慢，提出只有趙構答應自動取消宋的國號，承認作為金國的藩屬，並向金主稱臣納貢，和議才能達成，趙佶

的棺木和趙構的生母韋氏才能送還，原劉豫管轄的地盤才能劃歸趙構統治。

趙構和秦檜竟不顧大臣們的堅決反對，同意接受女真貴族的全部條件，隨即指派王倫為使臣，隨烏陵思謀等人同去金廷。

女真貴族見趙構已經答應全部條件，便委任張通古為詔諭江南使，蕭哲為明威將軍，攜帶「詔書」出使江南。他們竟然規定了宋廷迎接的禮儀：「接伴官」在迎接時必須跪膝階台；州縣官必須望「詔書」迎拜；趙構則必須脫下皇袍，改穿臣服，北面跪拜，接受「詔令」等。

這完全是把宋廷看作自己的屬國，而根本不是來講和的了。

消息傳來宋廷，再次引起朝野大嘩。大將韓世忠、樞密副使王庶、吏部侍郎晏敦復、吏部員外郎許忻、樞密院編修官胡桂等人，或爭相上疏，或見趙構，陳述利害，據理力爭，堅決反對與金人和議。

趙構、秦檜等卻依然一意孤行。趙構假惺惺地對群臣說：「如果能使老百姓免於兵戈之苦，而得到安居樂業，朕並不計較個人受委屈。」

秦檜則厚顏無恥地說：「我是為了國事，就是死，也不迴避，難道還怕怨謗嗎！」

為了壓制群臣的反對意見，他們罷黜了樞密副使王庶的官職，嚴厲處分了樞密院編修官胡桂，並再三降詔表明朝廷「屈己就和」的決心既定，已經無法變更。

臘月二十四日，張通古和蕭哲終於被迎進臨安府。秦檜將他們安置左僕射府下榻。

採用什麼方式使張通古把所得國書遞交出來，這成為自張通古進入臨安以來，南宋王朝的君臣們朝夕發愁的一個問題。

他們最感到為難的，是趙構要親自跪拜在金使面前接受一事。以為這使趙構在南宋臣民面前丟臉太甚，繼此之後，還有何等臉面對南宋軍民發號施令、作威作福呢？

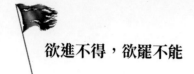

## 欲進不得，欲罷不能

　　然而趙構本人，卻已經有了思想準備。他回想到建炎三年從明州逃往海中的事，那時候，趙鼎是御史中丞，他卻主張與金人劃江為界；他甚至還心甘情願地留在明州充當接伴金使的人，要與金人磋商劃江為界的事。只因後來金使未來，所以此議未能實現。

　　這件往事說明，那時即使有意要向金人跪拜，還苦於得不到機會呢！

　　有了這番回憶之後，趙構便認為，若不得已而親自跪拜在金使面前接受其國書，也沒有什麼不可以的。因此，他有一天竟聲色俱厲地向李誼等人發牢騷說：

　　「士大夫不應該只為自己著想，為了百姓，朕就是百拜也沒有關係。」

　　這話雖是直接針對著趙鼎而發的，實際上卻也是說給日前所有不同意屈膝投降的人們聽的。李誼便乘機提議說：

　　「這件事是不是召三大將來商議一下？我們總應該商量出一個最妥善的辦法才好。」

　　趙構不吭聲，過了半晌又說道：

　　「王倫本是專為求和出使金國的，到今天他卻又首鼠兩端，動搖起來了。秦檜素來主講和之議，現今卻也上表待罪，他們都是這種態度，我去找誰商量啊？」

　　這些話語，表明趙構對於屈膝投降的事是如何地死心塌地，還表明，倘若一定要他親自跪拜接受金的國書，他也已有了充分的精神準備，也就是說，他一定會照辦。

　　然而南宋王朝的臣僚們，包括那些力主投降的人們在內，卻總認為這是過分丟臉的事，總應當儘量避免赤裸裸地進行那樣的表演才好。所以，在朝堂上聚議此事時，有人便建議說：

「既然北面拜受金人詔書，已成為無法改變的事，那就最好把我朝祖宗的『御容』都陳列出來，而把金人的『詔書』置於祖宗『御容』中間，這樣，就假稱是在跪拜祖宗御容，面子上也過得去。」

大臣們紛紛議論了好幾次，卻終於還是作不出最後的抉擇。

秦檜在全朝大臣的壓力下，表面上上表請罪，實際上還在積極籌辦有關對金投降的全部事宜。

在如何接受金朝國書的這件事上，秦檜在家中和宰相府裡，也是天天議論。有一天，給事中樓炤向他建議道：

「《尚書》上有『高宗諒闇，三年不言』，『百官總已聽於冢宰』的記載，皇上目前也正在守喪，丞相豈不正可引此為據，代替皇上去跪拜接受這份『國書』嗎？」

秦檜聽了這些話語，恍然大悟。於是，他和趙構商定，由他以宰相身份去跪拜接受金朝的「詔書」，趙構則躲在深宮中，不用親自出場。

然而，在張通古提出的要求當中，除了要皇上跪接「詔書」外，還包括在接受了「詔書」之後，要把它安置在皇帝的專車「玉輅」當中，送往南宋的朝廷，把它收藏起來。並且要來的文武百官們，一部分在玉輅之前引路，另一部分則在玉輅之後護從。

這些也必須照辦不誤。

臘月二十八日，秦檜作為趙構的代理人，到左僕射府去拜見了張通古，並且跪拜接受了金國的詔書。

他敬謹遵守張通古的旨意，在事前就把「玉輅」安置在館門之外，並且叫三省中的一些吏員分別穿上緋色的或綠色的服裝，腰間各帶銀魚，裝扮成一般官員模樣；樞密院的一些吏員則穿上紫色服裝，腰間佩帶金魚，裝扮成更高級官員模樣，等到「詔諭江南使者張通古」出來之後，或作前

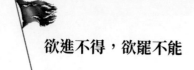

導，或作扈從，一路上既護衛金的詔書，也護衛金的使臣。

接受了金朝的「詔書」，亦即承認了南宋只是金朝的藩屬，承認了金、宋之間的君臣關係。「詔書」中的語氣，早已把這種君臣上下之分充分表現出來，它不再像以前的國書那樣，把南宋視為對等的國家，就是對趙構也開始直呼其名了。

對此，南宋趙虹之在他的《遺史》中說道：

> 通古所持用，其辭不遜。上皆容忍之！

意思是說，張通古對待趙構極盡侮辱、傲慢之能事，但趙構都能容忍。

紹興九年初，趙構下詔說：

> 大金已遣使通和，割還故地，應官司行移文字，務存兩國大體，不得輒加
> 詆斥。佈告中外，各令知悉。

金朝的詔書早已不把南宋作為對等國家看待，其中又全是以上臨下的語氣，亦即南宋人所說的「其辭不遜」，可見在金朝一方原無所謂「存兩國大體」這一概念，而趙構此詔，無非要限制南宋所有具有國家民族意識的臣民，再不要對他和秦檜的屈膝投降行徑加以討論和非議。

到正月初五日，趙構又下了第二道詔書說：

> 朕以眇躬嗣承丕緒，明不能燭，德不能綏，為人子孫不能保其所付，為人
> 父母不能全其所安……
> 上穹開悔過之期，大金報許和之約：割河南之境土，歸我圖輿；戢宇內
> 之干戈，用全民命。自茲愛養士卒，免罹轉戰之傷。

在這一道詔中，趙構雖然掩蓋真相，欺弄國人，並極力形容金朝對宋怎樣的皇恩浩蕩，然而只因有「上穹開悔過之期」一句，卻仍使金朝貴族

大為不滿，以為不應當歸德上天而不歸德金人。

趙構在頒布這道大赦詔令之後，接著又派遣韓肖冑去金國回訪，派遣王倫去作交割地界的專員，派遣方庭實去宣諭汴京和西京洛陽、南京歸德、北京大名諸地。

派遣周聿、郭浩去宣諭陝西，派遣郭仲荀去做汴京的守臣，派遣皇親趙士褭、張燾去河南「恭謁祖宗陵寢」，還派遣樓炤到永興等路去「宣布德意」。

以上所派遣的七種使臣，全都隨身攜帶了數量浩瀚的官吏兵民同往，每種使臣的開銷都不下30多萬貫，總而計之，其所費至少應在200萬貫以上。

趙構、秦檜在搞成了喪權辱國的對金投降罪惡勾當之後，竟是那樣的得意洋洋，那樣拚命地擴大宣傳，其目的只是企圖此後能順順噹噹地仰承金人的鼻息，對東南半壁的人民繼續進行其政治壓迫和經濟剝削，他們已不知羞恥為何物了。

南宋王朝紹興九年正月五日的赦書，於一週以後的正月十二日遞送到鄂州的岳家軍營。

赦書中所談到的「新復州郡」的一部分，即西京河南府一帶，原即劃歸岳飛的轄區之內，按照定例，岳飛應當在接奉這道赦書之後上表致謝。

岳飛就利用這一機會，委託幕僚當中那個出身河朔、豪俠尚氣的張節夫撰寫了一封謝表：

今月十二日准進奏院遞到赦書一道，臣已即躬率統制、統領將佐、官屬等望闕宣讀訖。

觀時制變，仰聖哲之宏規；善勝不爭，實帝王之妙算。念此艱難之久，姑從和好之宜。睿澤誕敷，輿情胥悅。臣飛誠歡誠忭，頓首頓首！

臣幸遇明時，獲觀盛事。身居將閫，功無補於涓埃；口誦詔書，面有慚於

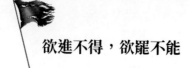

軍旅。尚作聰明而過慮，徒懷猶豫以致疑：謂無事而請和者謀，恐卑詞而
益幣者進。

臣願定謀於全勝，期收地於兩河。唾手燕雲，終欲復仇而報國；誓心天
地，當令稽顙以稱藩！

岳飛雖自稱是「奉表稱賀」，其實這與其稱作「賀表」，遠不如稱作
「抗議書」更為確切。

賀表突出地表達了這樣的意思：

金人是不可怕的，為了暫時解除國家的危險而與他們簽訂盟約，還是可以
的。如果要使宋廷受到了四夷的尊重，這就不是長遠之計了。臣身為大
將，因為沒有建立什麼勞功，口誦詔書，感到萬分慚愧。

對於國家的前途，仍然表示深切的關心和憂慮，唯恐無緣無故而主張
向敵人請和的小人，將要因此置身朝廷而受到重用。為此，臣願意繼續麾
軍北指，渡過黃河，收復燕雲，為國復仇。

這道所謂《賀表》，悲憤激昂，壯懷激烈。它迸發出多年來鬱結在岳
飛胸中的積憤，也凝聚著全國億萬人民從丹田釋放出來的心聲，因而更能
激勵人心，鼓舞士氣。在它傳播出來之後，立即被人們傳誦在口。

由於岳飛大軍在握，而這支大軍又是當時最精銳的勁旅，所以他在
《賀表》中寫進了這樣一些話語，也更顯得特別響亮，特別雄壯。它給予
所有具有民族意識的南宋人民和官僚士紳以極大的希望、信心和力量。

然而也正是因為如此，便又惹得秦檜、趙構等民族敗類對岳飛恨得咬
牙切齒。

具有反抗惡潮逆浪的勇氣，並挺身而出與之搏鬥的人，是最應贏得世
人尊敬的人，而岳飛用其全副身心精力與之搏擊的，卻正是當時最大的逆
浪和惡潮。

紹興九年正月十一日，南宋王朝為了慶賀「和議」的成功，把京湖宣撫使岳飛和川陝宣撫副使吳玠的官階都晉升為從一品的開府儀同三司。

　　朝廷在晉升岳飛的〈制詞〉中，把岳飛與西漢的衛青、霍去病和東漢的岑彭、賈復相比，說他臨敵有智略，決策若神明。全文雖都是褒獎之詞，卻又全都沒有超出岳飛和岳家軍的實有的軍功之外。

　　這樣的一道褒獎詔令，其用意是對岳飛進行籠絡，使岳飛不要再對這次的所謂「和議」從中作梗。

　　然而，趙構、秦檜所企求的這一目的，不僅沒有達到，相反，岳飛還借用「辭免」的機會，對這次所謂「和議」進行了又一次無情的抨擊：

> 臣初捧制文，尚懷疑惑：豈謂非常之典，遽及無功；又於二月十四日准本司往來幹辦官王敏求差人資到前件告一軸，乃知朝廷以逆虜歸疆，而將閫之寄例進優秩。不唯臣一己私分愈切驚惶，至於將士三軍，亦皆有面見面目。

　　岳飛在這裡既提出了「豈謂非常之典，遽及無功」，作為他不應晉官加封的理由，也說到「至於將士三軍，亦皆有面見面目」，藉以表達岳家軍全都反對這次借和議之名而屈膝投降的強烈反應。

　　宋朝的文武大臣，每逢進官升秩等事，總都要上表辭謝，大致都是在辭謝三數次之後方肯受命。

　　就岳飛的這首〈札子〉的內容看來，態度倔強，措辭激切，用意決不在於履行一些照例的公事，而是堅決地不願意把自身和岳家軍全體人員也被裹入趙構、秦檜賣國降敵的罪惡勾當之中。

　　然而，南宋王朝的當權者們卻不肯作這樣的理解，於是又依照慣例下詔給岳飛，不許他再上書辭免。岳飛在二月二十七日接到不許辭免的詔書後，又上書懇辭，說道：

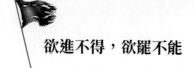

## 欲進不得，欲罷不能

臣近者累犯天威，力辭恩寵，庶幾陛下洞燭危懇，終賜矜從。而溫詔諄諄，未回睿聽。踧地籲天，不知所措。

夫爵賞者人君所以為屬世磨鈍之具，人臣得之，所以榮耀鄉里而顯貴宗族也，誰不欲貪多而務得哉！然得所當得，固以為榮；受所非受，反足為辱。伏念臣奮跡羈單，被恩優腆，使臣終身只守此官，已逾涯量；豈可分外更冒顯榮……伏望陛下檢會臣累次札子，追寢成命，特降俞音，庶使微臣少安愚分。

岳飛一道道奏章，嘔心瀝血，慷慨陳詞，但是並沒有使趙構、秦檜等人回心轉意。他接著又上書給趙構，要求准許他帶兵馬去西京洛陽恭謁灑掃先帝的陵墓。

開封是北宋的首都，也是北宋的宗廟社稷之所在；而洛陽則是北宋各代皇帝陵墓之所在。這兩地都包括在這次金政權賜予南宋的地區之內，因而當趙構、秦檜對「和議告成」大事粉飾誇說之際，秘書省正字範如圭當時向趙構建議說：

「金國既然已經把兩座京城的版圖歸還給我們，而祖宗的陵寢又近在咫尺，我們何不去祭奠一下，這樣上可以告慰神靈，下可以安撫民意，不是很好嗎？」

於是，在紹興九年的正月上旬之末，趙構便派遣了判大宗正事的趙士褭和兵部侍郎張燾一同到洛陽遠郊縣區去朝拜那8座陵墓。

至於宗廟，則因開封城市還沒有辦好「交割」手續，趙構是不敢貿然派人前去「朝修」其宗廟社稷的。

至二月中旬，趙士褭和張燾從臨安出發，要經由武昌、信陽、蔡州、穎州以達洛陽。由於這些地點全在京西湖北宣撫使岳飛的轄區之內，趙構於趙、張二人出發時便又下令給岳飛，要他負責供應修理諸陵墓所需的人工和費用。

其實，岳飛在正月十二日看到那份所謂「講和赦書」之後，就已經寫了一道奏章，表示要躬詣諸陵進行灑掃。其奏章略謂：

> 西京河南府係臣所管地分，自劉豫盜據以來，祖宗陵寢久失嚴奉，臣不勝
> 臣子區區之情，欲乞量帶官兵，躬詣灑掃。謹錄奏聞，伏候赦旨。

南宋王朝在二月三日給岳飛的回答是：已降旨給差同判大宗正事趙士褭、兵部侍郎張燾前去拜謁陵寢。三省樞密院同奉聖旨與岳飛照會；等到他們出發後，岳飛可以帶少量親兵，一起前去拜謁。

其實，岳飛申請前往洛陽地區的目的，並不單純在於「拜謁陵寢」和「躬詣灑掃」，而是別有用意，他是要去深入瞭解敵方的軍政情況以及是否有進攻金國的可乘之機。這後一種用意他更是迫不及待地想要盡快實現。

因此，當他雖已聞知趙士褭、張燾被派前去「朝修祖宗陵寢」，但還沒有接到南宋王朝二月三日那道旨意時，他又一次上書申請，要隨同二使前往，並在書中把真情實意略加透露，奏章的大意是：

> 自靖康以來，敵人用一個「和」字玩弄咱們 10 多年了。咱們始終沒有覺
> 察到他們的詭計，因而遭受禍害到今天這個地步。如今他們又無緣無故地
> 要求講和，這說明他們國內一定有困難，無力進犯咱們的邊境。同時，劉
> 豫剛剛被廢黜，邊境空虛，迫不得已才這樣做的。名義上是把土地歸還給
> 咱們，實際上是把它暫時寄放在咱們這裡。臣這次西去，請准帶適量的輕
> 騎，以便窺視敵人的虛實，找出他們的致命弱點。

趙構、秦檜接到這道奏章，方才明白岳飛此行的真正目的，連忙下詔說：「大將需要坐鎮軍中，不能久離，只需差遣一兩名將官，帶上 1,000 士兵隨同趙士褭和張燾前去，就可以了。」

很明顯，趙構和秦檜之所以中途變卦，不准岳飛前往洛陽。主要是害怕岳飛在「前往觀釁」之後，難免又會尋覓戰機，去觸犯金朝的軍事貴

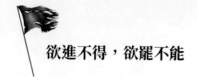

## 欲進不得，欲罷不能

族。倘使他果然做出那等事來，則剛剛搞成的屈己請和局面便又會被他破壞了，那是萬萬使不得的。

反對「講和」的意見既然不被採納，要求以謁陵為名去瞭解敵情，又不被批准，岳飛在難以抑制自己憤懣情懷的情況下，便又決定，索性把自身所擔任的軍職一律辭掉好了。那樣，在面對著當前這些屈膝降敵的無恥行徑時，也許可以免得再發生「身居將閫，面有慚於軍旅」的那種內疚和慚愧感了。

於是，在紹興九年的一天，他又兩次給趙構送去札子，要求解除自己的軍職。字裡行間不無對朝廷屈膝求和的諷刺之意。

這兩道奏章遞達南宋王朝之後，終於迫使趙構作出一個批示。其批示上說：

> 卿竭盡忠誠保衛社稷，功勛卓著，這些我都是知道的，但是你想用武力收復淪喪的國土，這並不是一時就能做到的，所以，你所請求辭去官職一事，不准，以後也不要提了。

岳飛欲進不得，欲罷不能，就只能牢守在鄂州軍營當中「存撫軍旅」。

# 再戰中原，攻無不克

1138 年，女真貴族的內部主戰派與主和派之間的矛盾戰爭再度激化。以兀朮為首的主戰派，於當年七八月間發動了政變，先後誅殺了宗磐和撻懶等人。

原來執掌金廷主要大權的撻懶、宗磐既被剷除，兀朮便領行台尚書省事、都元帥，獨攬了軍政大權。主戰派占了上風後，金廷完全改變了軍事和外交政策。

1139 年，完顏兀朮再度南侵。金軍分四路南下；以聶黎貝董出山東，直奔江淮；李成犯河南；左監軍撒離喝自河奔陝西。

兀朮自己從黎陽南插汴京。全軍虎視眈眈，宋廷一片震動，命岳飛等迎敵。

五月下旬，金軍兵臨順昌城下。新任東京副留守的劉錡率部出城迎戰，殺退了敵人幾次兇猛的進攻，初戰告捷。

月底，金兵的援軍 30,000 多人馬，由龍虎大王等率領，潮水般湧來，將順昌城團團圍住。劉錡再次親自披掛上陣，在城上守軍的掩護和配合下，同時從四門出擊，勇猛異常，激戰竟日，直殺得敵人「慌怖四奔」，遺屍無數，再戰又獲大勝。

七八天後，完顏兀朮親自統率的 10 來萬精銳之師趕到，用無數車馬、駱駝運來了大量攻城器械和糧食，連營疊寨，人喊馬嘶，旌旗蔽天，刀槍映日，好不威武！

完顏兀朮一到，先痛罵龍虎大王等人無能，然後對眾將說：「順昌城壁破殘垣，可以用靴尖踢倒。來日一定要攻進城去，進入知府衙門去會

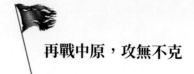

餐！」他一面折箭為誓表示決心，一面又以「誰能虜獲婦女、玉帛即歸誰所有」的許諾來鼓動士卒。

宋廷得到完顏兀朮進攻順昌的消息，驚恐萬狀，馬上由秦檜起草一道手詔，令劉錡所部「擇利班師」。劉錡所部，連同北上時新從殿前司調撥的 3,000 步軍在內，也不過 20,000 人馬。但這支部隊的基幹卻是當年王彥的威震太行的八字軍，士氣高昂，英勇善戰，因此劉錡成竹在胸，決定暫不奉詔班師，準備與敵人決一死戰。

從六月初九拂曉開始，金軍展開了全面攻勢，兀朮橫刀躍馬，來回馳騁，親自指揮督促他那 10 多萬甲兵鐵騎，不停地攻打城池。

敵人來勢洶洶，劉錡卻沉著鎮定，從容應戰。他先將將士分成幾支突擊隊，每隊 5000 人左右，命他們各自待命。又叫人將一副甲冑置於烈日之下，等甲冑受熱發燙，就命令一支隊伍出城突擊敵兵，其餘的仍休息待命。等新放在烈日下的甲冑發燙，便鳴金收回出戰的人馬，再派另一支部隊出擊，如此輪番作戰，以逸待勞。

金軍長時間曝曬在酷日之下，既受到發燙的甲冑的烤炙，又因不停地作戰而弄得疲憊不堪。結果劉錡又以少勝眾，再次擊敗了金軍。

兀朮惱羞成怒，以他重冑全裝的侍衛親軍作為主力，佈置了「拐子馬」。步兵用以正面衝鋒，「拐子馬」則用以左右兩翼掩殺。

劉錡見來勢兇猛，急中生智，命出擊的士卒每人帶竹筒一個，大刀一把，竹筒裡裝滿了煮熟的豆子，一到陣前，便將竹筒擲在地上，讓熟豆灑滿一地，使竹筒到處滾動。金軍的戰馬正在饑困，見豆便吃，馬蹄又受竹筒所絆，行動不便。

宋軍乘機揮舞鋒利的大刀，專砍馬腿，一時之間，兀朮的騎兵紛紛人仰馬翻，自相踐踏，傷亡十分慘重，不得不倉皇潰退。

劉錡與兀朮戰於順昌城下時，岳飛和朝廷之間函札往還頻繁。岳飛得悉金人背盟並大舉南下的消息後，便一次又一次地請纓殺敵，並再三要求趕赴朝廷面陳用兵機宜。

　　趙構沒有同意，但接連發出御札，說劉錡在順昌雖屢有捷奏，但賊軍源源不已，孤軍應敵恐不能持久，命令岳飛速發精銳人馬，星夜前去接應。

　　岳飛在鄂州整訓部隊已經 3 年，無時無刻不在渴望縱馬太行，揮鞭燕雲，恢復舊疆，重揚國威。如今眼看大舉北伐的時機來臨，他是何等的振奮啊！

　　在接到趙構御札之後，他一面火速征發前軍統制張憲、游奕軍統制姚政等帶領人馬去支援劉錡，一面抓緊部署反攻的計劃。

　　當時，岳飛既是湖北路和京西路的宣撫使，又是河南路和河北路的招付使，統率著訓練有素的 10 萬精銳部隊，控扼著鄂州這一重要的戰略基地。

　　對整個抗金戰爭來說，岳飛確實是一員舉足輕重的大將，因此，趙構在御札中也指出，岳家軍與陝西、河南兩處相連接，左可收復京師、右可支援關陝，外與河北相應，希望他疾速發兵，擇機進取。

　　岳飛見朝廷對自己這般倚重和信賴，便進一步爭取擔負抗擊四路南侵金軍的重任。

　　岳飛不僅是一位身先士卒的戰術家，更是一位高瞻遠矚的戰略家。他對這次進軍作戰和後方的防守，作了通盤的考慮和佈置。他將岳家軍分為奇兵、正兵和守兵三個部分。奇兵是深入敵後的游擊部隊；正兵是擔負正面戰場作戰任務的主力部隊；守兵是留守後方的防禦部隊。

　　岳飛先出奇兵，命梁興、董榮、孟邦傑等人，迅速暗渡黃河，去聯結

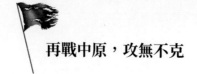

河朔，與孫彥等部義軍配合，在河東、河北和山東敵後廣泛襲擊敵軍。

正兵由岳飛自己統率，手下有主將王貴、牛皋、董先、楊再興等部，從鄂州分路向北挺進。同時，抽出部分人馬和全部水軍留守後方，負責千里江防，拱衛湖北、江西、江東三路。

張憲的前軍和姚政的游奕軍，奉岳飛將令北接順昌，於六月上旬末抵達光州正擬繼續前進時，得悉順昌之圍已解，便折向西北，一舉攻下蔡州。

緊接著，岳飛的主力部隊也浩浩蕩蕩向北進發。牛皋進入京西路，六月十三日與敵遭遇，金軍一觸即潰，牛皋乘勝追擊，連克魯山等縣城。二十三日，統領官孫顯在蔡州和淮寧府之間，打敗了金軍排蠻千戶的人馬。

這時，岳飛的司令部已北移至德安府，他在得到前線屢次勝捷的戰報後，準備立即組織大規模的攻勢。

不料在此關鍵時刻，司農少卿李若虛卻帶了趙構的詔書和口傳密旨，急急趕來軍中，命令岳飛「兵不可輕動」，必須立即班師回防。這對岳飛不啻當頭潑了一盆冷水。

李若虛過去曾經在岳家軍擔任過參議官，岳飛與他關係很好，深知他為人正直，便據理力爭，說明北伐中原，收復舊疆，在此一舉。機不可失，時不再來，決不能半途而廢。

李若虛聽了岳飛這番慷慨激昂的話，深受感動。他激於大義，毅然決然地對岳飛說：「事勢既然發展到了這一步，當然只能有進無退。那麼，你就繼續進軍吧！矯詔之罪，由我承當！」

李若虛走後，岳家軍便按照既定的作戰計劃，繼續向北挺進。

閏六月中旬，岳家軍大部分已經陸續抵達現今河南省中心地區，大規模戰鬥的序幕拉開了。

這時，從順昌潰退下來的金將韓常，率領所部扼守著潁昌府。潁昌府是通往汴京的孔道，岳飛決定先把敵人固守的這個據點拿下來。他派遣能征慣戰的將領張憲和傅選兩人去擔任這項任務。

張憲和傅選二將率部發起進攻，在離潁昌府 20 多公里的地方，擊退了韓常的大隊人馬，於閏六月二十日克復了這座城池。

數日後，兀朮帶領 6,000 騎兵從長葛縣殺來，企圖重新奪回潁昌。董先、姚政出城迎戰，擊退了敵軍，虜獲不少金兵和戰馬。

韓常打了敗仗，退守陳州。岳飛隨後又派牛皋、徐慶前去會合張憲，向韓常發起凌厲攻勢，於二十四日力拔陳州。二十五日，中軍統制王貴派遣部將楊成、張應、韓清等人去攻打鄭州，與金軍萬戶漫獨化激戰於鄭州南郊。

宋軍奮勇作戰，一舉攻克鄭州。七月一日，王貴再派中軍副統制郝等人直逼西京洛陽城下，當夜敵軍棄城遁逃。翌日拂曉，洛陽又告收復。中原戰場節節勝利的時候韓世忠在蘇北，張俊在安徽，吳等在西北，也都給予來犯之敵以不同程度的打擊，金軍很快就失去了優勢。

岳飛下定了決心，要繼續北進。他一面派人火速籌集舟楫，準備將大軍渡過黃河；一面聯絡太行忠義人馬，命令兩河豪傑即刻舉起義旗，截斷金兵退路。新的進軍，新的勝利，在迎接著戰無不勝、攻無不克的岳家軍。

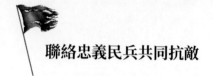

# 聯絡忠義民兵共同抗敵

　　岳家軍直搗中原，目標在於收復河朔的廣大失地，而要實現這一目標，關鍵之一便是連接河朔的忠義民兵。

　　河朔忠義民兵的抗金戰爭，由來已久。早在建炎元年趙構南遷之後，女真貴族在占領區任意霸占百姓的土地和房舍，掠奪女子和財物。青壯年男子，或者被殺戮，或者被抓去當兵，或者被標價出賣，或者被趕到西夏、勃勃去換取戰馬。

　　淪陷區的漢族人民備受欺凌和虐待，生活痛苦不堪，於是便自動集結起來，以忠義社的名義，結營紮寨，不屈不撓地反抗女真貴族的殘暴統治。十幾年來，這種群眾性武裝抗金戰爭此起彼伏，從來沒有間斷過。

　　河北忠義民兵中，有位名叫李寶的英雄人物。這個人是山東人，性格豪爽剛直，為人急公好義，年輕時即「雙刀賈勇，冠出輩流」，常常路見不平，便拔刀相助，在家鄉頗受人們的敬重。

　　河北地區淪陷之後，李寶首先祖臂奮起，聚集了 3,000 義民，計劃殺死女真貴族派在淄州的知州，但是沒有成功。後來他脫身南下，於紹興七年在臨安投奔岳飛。

　　岳飛十分高興，把李寶帶回鄂州，編在馬軍中效用。李寶勇武絕倫，又素懷殺敵報國之志，很想幹一番轟轟烈烈的大事。當了岳飛部下之後，一時沒有被重用，感到非常失望。

　　李寶想，自己冒著生命危險，千里前來投效，而抗敵的志願卻不能很快實現，還不如仍然回到山東，一刀一槍地跟敵人拚個你死我活的好。

　　於是，李寶暗中說動了岳家軍中的四十幾個人，準備潛逃，一同渡河

北上殺敵。他們出發的日期剛剛商定，岳飛已經覺察，立刻將李寶和其他40多人統統囚禁了起來。

李寶他們問心無愧，挺身而出，向岳飛自首。

岳飛不知道李寶等人的動機，十分震怒地問道：「是你煽動他們潛逃的？」

「是我！請宣撫把其他弟兄都放了。」

「你為什麼要潛逃？」

「因為我在這裡不能很好地為國家出力！」

「那你們要到哪兒去？」

「過河殺敵！」岳飛弄清原委後，十分感動，不但沒有懲罰李寶，反而給了他一個「河北路統領忠義軍馬」的官銜，讓他帶著他聯絡好的人員返回山東，去策動忠義民兵，開展敵後游擊戰。

李寶等人回到河北之後，很快就聯絡上大批忠義民兵，打著岳家軍的旗號，到處伺機襲擊敵人。在對敵戰爭中，他們的力量日益壯大，打汴州，圍鄭州，忽東忽西，忽南忽北，攪得敵人眼花繚亂，防不勝防。

當完顏兀朮背盟南侵，東京留守孟庾等降敵的時候，李寶正在共城縣西山上的民兵營寨中籌劃抗金殺敵之計。得到消息，他立即和部將孫定、曹洋、王靖等率眾誓師出發。他們首先奪取金兵停泊在黃河沿岸的一些船隻，順流而下。五月初十到達曹州附近，一邊駐屯休整，一邊準備迎擊兀朮大軍。

當年五月十四日，兀朮的先頭部隊四五千騎蜂擁而來，黃昏時到達宛亭縣境內，安下營寨。

深夜，睏乏的金兵都已睡得死死的。李寶等忠義民兵分水陸兩路，岸上大軍啣枚疾走，河中百舟競發，兩路人馬徑趨金兵大營。金兵沒有料到

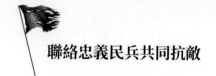

## 聯絡忠義民兵共同抗敵

忠義兵乘夜偷襲，當下人不及甲，馬不及鞍，在黑暗中亂成一團。雞旋郎君等四個千戶頃刻之間成了刀下鬼，敵兵被殺死或被驅入黃河淹死的不計其數。

忠義民兵繳獲戰馬 1,000 多匹，白旗一面，旗上寫著「都元帥越國王前軍四千戶」字樣，證明這支敵軍的確是兀朮的先頭部隊。

當時，兀朮的先頭部隊還有一部分駐紮在荊以東 10 多公里的渤海府下。李寶偵察得到消息後，又和部將曹洋率領忠義民兵乘舟前往襲擊。

五月十八日半夜時分，忠義兵馬突然猛攻敵軍營寨。那夥金兵還不知道他們的夥伴已經被殲的消息，因此絲毫沒有戒備，在李寶等兇猛的砍殺下，同樣遭到了覆滅的命運。

六月二日，兀朮部下的大將金牌郎君率領大隊兵馬，氣勢洶洶地從開封一帶趕來，尋找忠義民兵報復。李寶揮舞雙刀，一馬當先，大批民兵以萬馬奔騰之勢，衝向敵陣。

岳家軍的旗幟漫山遍野地飄揚。金牌郎君驚恐萬狀，勒轉馬頭落荒而逃，他手下的士兵也紛紛潰退。李寶率領大軍一氣追殺 10 多公里才收軍。

在岳家軍勝利進軍的過程中，岳飛已派遣梁興、董榮等人悄悄渡河北上，命令太行忠義、兩河豪傑即刻舉起義旗，剿殺金兵，占奪州縣，配合岳家軍正面戰場的進攻。

梁興、董榮等經常往來於大河南北，人地兩熟，很快就與河朔忠義兵馬取得了聯繫。

七月，梁興、董榮帶領一支忠義民兵前往襲擊維州的垣曲縣城。他們化裝成各種身份的百姓，分散前進。當晚來到京西北路的黃河南岸，第二天清晨即渡河抵達北岸。因為他們全是老百姓的打扮，扼守河岸的敵人竟毫未察覺。

梁興等登岸接近守軍，突然發起攻擊，敵人無法招架，死傷殆盡。梁興、董榮等乘勝一直前進到垣曲城下。

守在垣曲縣城裡的千戶劉來孫等人，一見忠義人馬開到，緊閉城門，並不出戰。

梁興、董榮等勸他們開門投降，劉來孫等人只是不理不睬。

梁興大怒，命令部下捆紮雲梯，一擁登上了城垣。守城的敵兵見大勢不好，四散奔逃。梁興、董榮進得城來，當場活捉劉來孫等 10 多人，奪得戰馬 100 餘匹，只用了一天工夫，就收復了這座縣城。

以垣曲縣作為前進的基地，他們會合當地的忠義人馬李進、趙雲等部，一齊東進，在孟州的濟源縣一帶，兩次大敗敵酋高太尉的人馬，殺得敵兵橫屍遍野，達 10 多公里之遙。

高太尉率領殘部逃到翼城縣，梁興等緊追不捨，再敗高太尉，克復了這座縣城。接著，他們又會合喬握堅等部忠義民兵，併力攻占了趙城。一連串的勝仗，使得這支忠義人馬威名大震。敵軍一聽到梁興的大名，便喪魂落魄，望風披靡。

梁興在河北站穩了腳跟之後，一面鞏固戰果，一面繼續派人四處招納兩河豪傑。河北、河東各地的忠義民兵首領李通、胡清、李興、張恩、孫淇等人，相繼率眾來歸，梁興這支隊伍的力量一天比一天壯大。

不久，梁興與李寶會師。他們懷著勝利的喜悅，等待著岳飛大軍的到來。

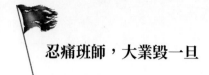
# 忍痛班師，大業毀一旦

收復潁昌府後，岳飛將大本營移至潁昌府東南端，繼續調遣各路將領分別攻取永安軍、河南府等州縣。

正在這時，新進至宿州、亳州的張俊大軍，以及原保衛順昌的劉範大軍，均收到朝廷「兵不可輕動，宜且班師」的密旨。

張俊首先下令班師，劉錡也不得不命令部分人馬陸續撤回鎮江，自己暫時留在順昌，不敢違詔北進。這樣，中路的岳家軍就陷入孤立無援的境地。岳家軍收復的失地越多，兵力就越分散。

兀朮偵察到岳家軍的大本營兵馬不多，便集中幾路精銳人馬，取捷徑包圍之，妄圖一舉摧毀岳家軍的指揮中樞。兀朮以及龍虎大王、蓋天大王等所率 15,000 餘騎兵，進至國城以北 10 公里的地方。岳飛得到探報，立即親率領親衛部隊背嵬軍等，前往迎擊。

兩軍對壘，金軍衣甲鮮明，旗幟錯雜，屹若山壁，兀朮身披白袍，騎著甲馬，往來馳騁，指揮調度。數千名重胄全裝的鐵塔兵列於陣後，準備策應前軍。陣前左右兩翼是鐵騎拐子馬，準備隨時衝鋒陷陣。岳飛汲取劉錡順昌之戰的經驗，早就做好了充分準備，將士們各持麻扎刀、提刀和大斧等利器嚴陣以待。一場敵眾我寡的殊死戰鬥開始了！

岳飛命令愛子岳雲先率一支騎兵去闖敵陣。他對岳雲說：「你一定要戰勝敵人，如不拚命向前，我先斬你的頭！」

岳雲為岳飛長子，所使的武器是兩柄鐵錘，重 40 公斤，使起來如車輪飛轉，無人能敵，累立戰功，被稱為贏官人。當時他剛 20 歲，任防禦史，領有幾千人馬。

岳雲接受命令後，立即舞動雙錘，衝向敵陣，銳不可當。岳家的騎兵個個以一當十，拚命廝殺。兀朮看到形勢對己不利，趕緊發動拐子馬的鐵塔兵出陣。

頓時，千軍萬馬彷彿潮水一般湧上前來。那滾滾的黃塵，夾著戰鼓聲、馬蹄聲、廝殺聲，如暴風驟雨，攻勢十分凌厲。

岳飛帶領 40 名騎兵上陣前，屹然不動。等到敵軍距離陣前只有一箭之地時，岳飛左右開弓，箭無虛發。

敵軍人仰馬翻，亂了陣腳。岳家軍將士看到統帥親自出馬殺敵，勇氣倍增，奮勇突進，和敵人展開白刃肉搏。按岳飛事先佈置的巧妙戰術，步兵揮舞扎刀和提刀，專砍敵軍的馬足。騎兵則專門對付騎在馬上的敵兵，先用長槍挑去敵兵的頭盔，然後用大斧砍掉敵兵的腦袋。馬上馬下，密切配合。不到一個時辰，已殺得敵軍橫屍遍野。

金兵全線崩潰，楊再興單刀匹馬，像閃電般闖入敵陣，打算活捉兀朮。他左衝右突，如入無人之境，但四處找遍，皆不見兀朮的行蹤，只殺死了數百敵軍，自己也負傷纍纍，回到本陣，天色灰暗下來。金軍殘兵敗將，一退就是幾十公里。

隔了一天，岳家軍又於郾城北五里店痛擊金兵，殺其重要將領阿李朵李苗等。金軍大敗之後，兀朮還沒有死心。他把殘部集結在臨潁縣休整，準備養精蓄銳之後再和岳飛決一死戰。

楊再興帶著 300 名騎兵巡邏到臨潁以南的小商橋時，敵軍大隊突然掩襲過來。在倉促接戰中，楊再興等人殺死敵軍萬戶撒入學董以下官兵 2,000餘人。由於敵眾我寡，楊再興和部將王蘭、高林等最後被敵軍重重包圍。

敵人萬箭齊發，楊再興等 300 將士大多壯烈犧牲。

岳飛得到楊再興等人犧牲的消息，非常悲痛。他立即命令張憲率領人

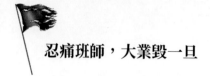

馬，前往臨潁為楊再興等死難將士復仇。張憲沒有辜負岳飛的期望，於當天下午趕到那裡，一鼓作氣打垮了敵軍。

兀朮重新集結鎮國大王等 30,000 多人馬，瘋狂地向潁昌城撲來，打算與岳家軍主力決戰。扼守潁昌府的主將王貴統率著游奕軍，年輕虎將岳雲帶領著士兵，大開城門，出來迎戰。

從上午到中午，整整血戰了半天。可是占有著明顯優勢的敵人，卻愈來愈多，城中的守將董先、胡清，見雙方相持不下雙雙帶領人馬出城投入戰鬥。戰鬥在繼續進行。岳家軍有進無退，愈戰愈勇，金兵的氣焰漸漸被壓了下去。

這次決戰，金兵的統軍上將軍夏金吾和千戶 5 人被殺死，渤海漢兒王構壽、女真漢兒都提點、千戶張來孫等大小首領 78 人被俘虜，兀朮的攻勢終於徹底瓦解。

「撼山易，撼岳家軍難！」女真貴族經過多次慘敗之後，得出了這樣一個結論。在這次潁昌府大決戰中，岳家軍犧牲相當大，但終於大獲全勝。

捷報傳到岳家軍大本營，上上下下無不歡欣鼓舞。岳飛振奮地對部將們說：「這次進軍，直搗黃龍府，我與諸君痛飲！」

岳飛曾數次發出請求朝廷「速賜指揮，令諸路之兵火速並進」的奏章，但是杳無音訊。儘管他早已想到，如果自己孤軍深入，一定會困難重重，但他還是下定決心，一定要勇往直前，向北進軍。

經過岳家軍一系列沉重的打擊，金軍元氣大傷，士氣低落，兀朮想號召眾將再議迎敵，卻個個垂頭喪氣，沉默不語。

兀朮又傳檄河北，調集諸路兵馬，竟沒有一兵一卒趕來。當時中原一帶，人們紛紛響應岳家軍，懸掛「岳」字旗幟，並簞食壺漿，贈送義軍。

就是金軍驍將馬陵葛思謀，及統制王鎮，統領崔慶，偏將李凱、崔虎、葉旺等，全都以為金人大勢已去，有意提前降順。

更有龍虎大王以下的將官噶克察、千戶高勇等，竟秘密地接受了岳飛派人送來的飛旗榜，準備岳飛大兵到時懸掛迎降，連兀朮極為倚重的韓常也打算率部依附。

兀朮自知眾叛親離，大局已定，便仰天長嘆道：「我從領兵以來，還從未到過這種境地！事已至此，已無話可說！」就想領著親信，棄城逃跑。

兀朮倉皇出走時，忽然閃出一位文弱書生，攔住馬首說：「大王慢走，岳飛馬上就要退兵了！」

兀朮以為書生痴人說夢，不耐煩地答道：「你一個迂腐儒生，懂得什麼！岳蠻子只用幾千人馬，就大敗我的 10 多萬大軍，中原百姓，日夜盼望他到來，我難道坐待俘虜，不管生死嗎？」

書生笑著說：「大王說錯了。自古以來，哪有奸臣在內，而大將能立功在外呢？你雖打不過岳飛，但岳飛何嘗又是朝內奸臣的對手呢？大王請稍留，待不了幾天，岳飛就會撤兵的。」

兀朮雖常年領兵在外，卻對金與秦檜來往議和的事早有耳聞，經書生一說，馬上醒悟過來，便掉轉馬頭，仍留下不走了。

這位神秘書生在歷史上沒有留下名姓。這也許是他的行為是為虎作倀，喪失了民族立場，傷了漢人感情的緣故。但就算他是個魔鬼漢奸，這個魔鬼漢奸卻是精明的。他精通世故，對歷史有著深切的體悟。他與訓誡張良的黃石公不同，沒有一星半點的鬼氣與仙氣。他的話是實實在在的，實在得讓歷史學家很不舒服，以至於不願記下他的姓名和籍貫。

後來的發展證實了這個神秘書生的可怕預言。在岳飛積極聯絡所有抗金力量，積極籌措北進的時候，朝廷使者飛馬趕到，敦促岳飛班師。

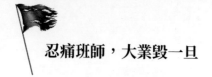

## 忍痛班師，大業毀一旦

岳飛驚問道：「這是為什麼？」

使者回答說：「秦丞相與金人議和，已差不多，所以請岳少保撤兵，以免使和議夭折！」

岳飛憤怒地說：「中原之地已恢復大半，燕雲之地也已如囊中之物，在這時為什麼向言而無信的金人求和，請我撤兵！」

朝使無言以對，默然而去。

岳飛當即向朝廷上疏，請朝廷抓住戰機，「速賜指揮，令諸路之兵火速並進！」宋高宗和秦檜看了奏摺，十分生氣，不僅沒有命令其他將領起兵，策應岳飛，反而釜底抽薪，調回了張俊、楊沂中的部隊，使岳飛不得不孤軍作戰。

岳飛仍不屈服，宋高宗、秦檜無奈，採取強硬措施，一天連下 12 道金牌，催岳速歸。金牌是在牌上寫有金字，朝廷只有在緊急情況下才使用，一見到金牌，任何將領都得絕對服從命令，否則就被視為叛國，在這種情況下，「將在外，君命有所不受」是發揮不了作用的。

岳飛一天竟接到金牌 12 道，不覺悲憤交加。他知道這一去，不可能再回來了。即將成真的宏願將永遠無法實現。秦檜賣國求和岳飛還可以想得通，但高宗趙構為何對自己的社稷江山那麼不愛惜，對自己的骨肉那麼絕情呢？

岳飛怎麼也無法想通。完了，昔日的凌雲壯志！完了，淪陷區痛苦呻吟的老百姓！完了，大宋的江山社稷！岳飛仰面悲嘆道。馬鳴蕭蕭，黃河嗚嗚，好像在應和著岳飛。

整個軍隊籠罩在悲憤之中。岳雲、牛皋、張憲等隨岳飛南征北戰、同生共死的將領來見岳飛，試圖勸岳飛抗旨，岳飛忍痛斥退了他們。他痛下了班師令，將士們緩緩地挪著腳步。

老百姓們聞訊趕來，人多得堵塞了道路，跪在岳飛馬前，哭訴道：「岳大爺，千萬不能走啊！您一走，我們就沒活路了！」

岳飛痛哭流涕，取出金牌說：「朝廷有令，我不敢擅留啊！」

眾人說：「難道朝廷不要我們了嗎？我們一直盼星星盼月亮盼著你們呢！」

岳飛知道他們留在這裡肯定會受金人踐踏，便下令說：「你們不用悲傷了，願隨我南去的趕快回家準備，我等你們五天。」老百姓齊聲應命，5 天後，在岳飛的護送下，百姓們扶老攜幼，牽羊趕牛，慢慢向南行去。金人害怕岳家軍，沒有追擊。

當時，宋高宗早就想解除岳飛的軍權，這是他夢寐以求的夙願，但迫於當時的政治和軍事形勢，他仍不敢同意秦檜的建議，冒此風險。岳飛至此也只能訓兵飭士，以觀世變。

紹興九年歲末，宋高宗御筆書寫歷史上曹操、諸葛亮和羊祜屯田足食的故事，頒賜岳飛。他將屯田列為保守半壁殘山剩水的重要措施。

岳飛在 1140 年，寫跋文回答皇帝，他指責曹操「酷虐變詐」，認為諸葛亮和羊祜「德過於操遠矣」。岳飛在跋文的末尾說：

用屯田以足兵食，誠不為難。臣不揆，願遲之歲月，敢以奉詔。要使忠信以進德，不為君子之棄，則臣將勉其所不逮焉。若夫鞭撻四夷，尊強中國，扶宗社於再安，輔明天子，以享萬世無疆之休，臣竊有區區之志，不知得伸歟否也？

岳飛批評曹操，隱含指責秦檜之意。他擁護加強屯田，但不贊成以此作為對金求和的資本。岳飛利用巧妙發問的方式，再次表明了自己的原則立場，並對宋高宗進行了懇切的諫勸。

1141 年 1 月，兀朮又一次統率九萬多人馬，強渡汜水，向兩淮地區

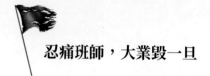
分路南犯，陷壽春，占廬州，一路大肆燒殺劫掠，來勢十分兇猛。

金兵再度南下的消息傳來，趙構慌了手腳，馬上發出一道御札，催促岳飛星夜帶兵到淮西救援。

岳飛在接到趙構御札的前夕，已連續發出兩道奏章，要求「提軍前去，會合諸帥，同共掩擊」。他打算採取「圍魏救趙」之計，即乘金軍傾巢南下之際，率領岳家軍長驅京、洛地區，直搗敵人之虛。

當年二月初九，岳飛接到趙構讓他率兵到淮西，以遏制金兵迅猛攻勢的詔書，不得不放棄原先的計劃，於十一日帶病親率 8,000 多鐵騎，從鄂州出發，執行朝廷的命令。

岳飛的軍隊開到舒州之時，劉錡、楊沂中以及張俊的部將王德等在拓皋伏擊金兵，打了一個大勝仗。張俊企圖獨吞戰功，通知岳飛說，敵人已經退去，前面缺乏糧草，你不能進軍。

岳飛深知張俊的為人，便將部隊暫留舒州待命。不料沒過多久，王德、楊沂中等人的隊伍在濠州城西中了金兵的埋伏，打了個大敗仗。楊沂中帶領的殿前軍 30,000 來人，幾乎全軍覆沒。

岳飛得這一消息，立即趕去援救。可是等岳飛的援軍開到半路時，金兵已在滁州大肆焚掠後自動退去了。

# 解除兵權，歸隱賦閒

秦檜為主和派的首要人物，他完全被金人嚇暈了頭，奴顏媚骨，唯和是求，達到了喪心病狂的程度。而岳飛則是堅決的抗戰派，公開反對議和，譴責朝廷的投降政策，多次使秦檜大怒。

岳飛每打一次勝仗，每向北推進一步，他都會心驚肉跳一次，覺得這樣離求和就遠了一步。他認為，只要岳飛在世一天，他就會庸庸無為一天，金人明白他這種難堪的心情，乘機要挾他除掉岳飛，這是他們夢寐以求的，是在戰場上根本做不到的事。

但岳飛的名聲太大了，不是想殺便殺得的。必須得步步為營。秦檜決定採取分化瓦解的辦法，先將岳飛孤立起來。

當時，南宋手握重兵，能獨當一面的大將有 3 位，即岳飛、韓世忠和張俊。張俊害怕公戰，勇於私鬥，素與岳飛有矛盾，對岳飛屢立顯功，少年得志嫉妒在心，常藉故中傷岳飛。

秦檜便將他收買，讓他參加陷害岳飛的陰謀。韓世忠與岳飛一樣，是抗金派的骨幹，秦檜決定先將他除掉。

正當秦檜勞心焦慮地思考著如何下手收拾這幾員大將的時候，秦檜的一個死黨，在兩年前率先跪拜迎接金朝使臣張通古的范同，來向秦檜獻計說：

「三路宣撫使皆手握重兵，難以制馭，索性就藉口這次拓皋之捷，論功行賞，把三大將都調入朝內，改任樞密使和副使，明升其官，暗奪其權，豈不甚妙！」

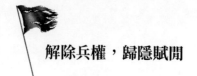

　　這正投合了秦檜的心意，趙構自然也完全贊同。於是，他立即讓人下詔給三大將，令他們 3 人前來朝廷奏事。

　　倘若被三大將看穿了這次召令還朝的真實用意，萬一他們串通在一起，不遵從這道詔令，那將如何得了？秦檜和與之同謀的參知政事王次翁、直學士院范同諸人，從發出這道詔令之日起，直到已經收奪了兵權以後的許多天，全都在為此而惴惴不安。

　　他們表面上儘管還都故意表現得鎮定自若，夜裡卻都合不上眼，睡不成覺。

　　韓世忠與張俊的駐地距離杭州都較近，因此，他們都很快就到了杭州。岳飛駐軍在上游的鄂州，見詔較遲，自然不可能與韓、張同時抵達。

　　然而，岳飛不到，全盤策劃便不能宣布。於是，秦檜每天都裝出要設筵歡迎三大將的架勢，卻又總因岳飛未到而一次接連一次地把宴會推遲。

　　這樣延遲了六七天，岳飛也終於抵達杭州。

　　秦檜以盛筵招待過了之後，趙構於四月十一日召見了這 3 員大將。當天晚上，便由直學士院的范同和林待聘二人分別作成了三道〈制詞〉：韓世忠、張俊都改官樞密使，岳飛則改官樞密副使。

　　在兩天後又宣布了第二道詔令，把三大將的宣撫司一齊廢除，並使每個宣撫司中原有的統制官，「各統所部，自為一軍」，並一律在其軍銜上加「御前」二字，亦即改由南宋王朝直接統轄。詔令同時還作出規定說：「將來調發，並三省樞密院取旨施行」。

　　三大將全都俯首聽命，交出了兵權，蒞臨了新職，沒有發生絲毫問題。

　　前此曾因收奪兵權擬議而與王庶發生過爭執的張俊，這次因為在陰謀對金屈服問題上早已與秦檜情投意合，其表示更為卑順：調他任樞密使的詔命剛一發佈，他就率先上了一道奏章說，「臣已到院治事，現管軍

馬，伏望撥屬御前使喚。」

在沒有引起任何事端的情況下，秦檜和趙構收奪了 3 員大將的兵權，對此，他們雖感到十分得意。但也還不能完全放心。

一天，趙構向新上任的這 3 位樞密使、副使進行安撫說：

朕昔付卿等以一路宣撫之權尚小，今付卿等以樞府本兵之權甚大。卿等宜
共為一心，勿分彼此，則兵功全而莫之能御，顧如兀朮，何足掃除乎！

沒過多久，又向原屬三宣撫司的諸軍發出了一道進行安撫的詔諭說，你們都是立下過戰功的將領，又是忠義之士，所以，我特地為你們加官晉爵，以示獎勵。

趙構、秦檜這次的收奪大將兵權，取消 3 個宣撫司，實際上是在摧毀南宋的國防力量，藉以向金朝表示自己確實有屈服投降的決心和誠意。

不論因此而會招致如何嚴重的後果，他們全都在所不計。

在前述各事已經成為定局之後，當時任禮部侍郎的鄭剛中便乘機向秦檜進言說，不要因這一事件的得手而過分高興，因為天下之事，「利害得失，常對倚而不廢；遇事更變，則激發而復起。就其利不忘其害，見其得愈憂其失，而後可以大有為。」

因此，他又向秦檜提出七條善後意見，勸他應當思患預防。

鄭剛中考慮到的這些問題，由於是向秦檜提出的，都極盡委婉溫和之能事，而決無激烈尖銳言詞，然而單就這 7 個問題而論，如邊境居民的驚慌情緒，軍隊紀律的維持，戰時的動員、集結與指揮，將官與士兵的關係，防範敵軍進行收買、拉攏等，卻無一而不是極現實的要害問題。而且每一條的最後，他都提出了可行的補救措施。

然而，對秦檜說來，這卻正是所謂「以不入耳之言來相勸勉」，當然不會發生絲毫作用。他本來是要徹底地「自毀長城」，目前所已經實現的

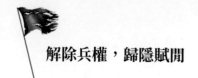

一些破壞工作，還遠遠不能使他感到稱心如意，怎麼能希望他反轉來再進行修葺整補呢？

所以，他對這番話不予理睬，是理所當然的。

韓世忠、張俊、岳飛被解除了兵柄，充當了樞密使和副使之後，雖然也要按時進入樞密院衙門中去，實際的軍政大計卻並不交他們去處理。

對於這次軍職的大變動，他們做出的反應並不相同：在張俊，是怡然自得，不但不改故常，且還比往常更為得意。

而在韓、岳二人的表現，就不能不在內心極為憤慨的情況下，只在表面上故示悠閒。

韓世忠特地製了一條「一字巾」，每逢到衙門中去，就把它裹在頭上，有意地從裝束上作出一點特殊樣式，出了衙門之後，便由幾名親衛兵跟隨著，到處跑跑玩玩。

岳飛也脫卸了他的軍服，換上一身文職官員衣裝，故作悠閒之狀，每次與人閒談，也屢屢表示羨慕山林閒居之適，對於國事，則表示只想擺脫，不願再聞也不願再問了。

韓世忠和岳飛的這樣一些舉止行動，都不過顯露了他們的胸懷中仍然充滿著憤憤不平之氣，這就使得秦檜和他的黨羽們對韓、岳更加切骨痛恨。

秦檜和他的黨羽們把剛剛過去的一些事件回想一下，他們也更加認為，消除兵權的事應當是一不做、二不休的。

在秦檜、趙構對女真貴族進行賣國投降活動的過程中，三大將中的張俊雖在極力曲意逢迎，而韓世忠和岳飛卻一直在極力反對。

當金朝派遣張通古南來，和南宋王朝派遣官員出使金國時，韓世忠曾連續五六次上書反對所謂的「和議」，且還明白對秦檜加以指斥。

岳飛在這一時期的多次表態，其激烈程度更在韓世忠之上。這就使得秦檜對韓世忠和岳飛都同樣地深惡痛絕。而今韓、岳的兵權雖已被解除，卻仍不足以解盡秦檜的心頭之恨。

　　秦檜清楚地記得，上年秋天，兀朮曾在給他的信中說過：你朝夕向我求和，而岳飛卻無時無刻不在圖謀進兵河北，而且殺了我的愛婿，此仇不可不報。

　　因此，一定要殺岳飛。殺了岳飛之後，方能使和議成功。金方提出以殺岳飛為和議的先決條件，趙構和秦檜當然是不得不考慮的。至於韓世忠呢，他和岳飛一樣力主抗金，曾多次上書反對和議，並指名道姓斥責過秦檜，也必須除之。

　　緊接在淮西戰役之後，秦檜、趙構已經又開始了向金朝進行投降的活動，若不把原來的韓家軍和岳家軍徹底摧毀，這一樁賣國勾當還可能照舊遇到梗阻。對這兩支軍事力量，還需要進一步把它們收拾掉。

　　大將們解除兵權是一樁極不尋常的重大變局，他們所統領的部隊中的兵將，一時都不易摸得著頭腦，因而不免發生這樣那樣的揣測，以致議論紛紛，呈現出一些動亂情況。

　　秦檜和他的黨羽們，決定藉口於此而首先向資望最老的韓世忠及其原來統帥的部隊開刀。

　　所要採用的手法，是利用三大將之間原有的嫌隙，使其互相誣陷和殘害。

　　秦檜借用趙構的名義，指派張俊和岳飛前往楚州，即韓家軍駐屯的地方，名義上是去安撫、撫慰韓世忠的舊部，並把他們一律從楚州調到長江南岸的鎮江府。

　　在此調動期間，如果覺察到韓家軍稍有動搖生事等不穩情況，便可由

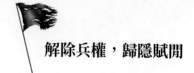

張、岳二人挾嫌誣構，誇大事態的嚴重性，把它徹底解決。

等韓家軍已被徹底解決之後，便再指派張俊去把岳家軍徹底摧毀。

張俊、岳飛行經鎮江時，首先把駐紮在那裡的韓家軍的一部分調往教場檢閱。

對於張、岳二人這次之被指派閱視韓軍舊部的用意，張俊是理解得最為透徹的，因而，他提議把韓世忠的背嵬軍，即親衛軍拆散，把他們分別編插到別的部眾中去。

岳飛立即提出反對意見，說道：

「不可以這樣做。因為，目前我們國家內真能領兵作戰的人，只有咱們三四人，若想恢復中原，也只有依靠咱們，萬一再要用兵作戰，皇上再令韓樞密出山主管軍隊，我們將有何面目與之相見呢？」

張俊雖然被問得張口結舌，默不作聲，在內心裡卻又大大增加了對岳飛的仇恨。

張俊和岳飛於六月十六日到達楚州。岳飛就住宿在台州知州的衙門裡，張俊卻住在楚州城外。

在他們到達的第二天，原任韓家軍中軍統制的王勝，率領了一支全副武裝的軍士到楚州城外去與張俊會面。

在王勝到達之前，就已有人告訴張俊說，看王勝的這種來勢，似有殺害樞密使之意。張俊親自看到這支全副武裝人員，也不免有些膽怯和驚慌，便質問王勝說：

「你們這班將士，來與我相見，為什麼都要全副武裝呢？」

王勝回答他說：

「樞密使是來檢閱兵馬的，所以不敢不以軍人裝束相見。」

張俊要他們必須一律卸掉軍裝，然後才能會談，王勝等雖也全都照辦了，然而張俊對他們的疑慮和仇恨卻終難消失。

張、岳兩人按照軍籍名冊點視了韓家軍的全部人馬，這才確知，這支雄踞淮東 10 餘年的韓家軍，總共才只有 30,000 人馬。

就這樣一支部隊，不但使得女真兵馬不敢輕易進犯，而且還有餘力去北圖山東，連獲勝捷。岳飛對此不禁感到由衷的欽佩，而且對於有這樣治軍本領的韓世忠，也深加讚歎說：「真算得一名奇特非凡人物！」

張、岳二人有一天一同「登城巡視」，看到城牆有傾圮之處，不便固守。張俊便又提議說，應當把城修好，以便守禦。岳飛聽到後很不同意，因而不作回答。張俊再三要他作出答覆，岳飛便勉強回答說：

> 吾曹蒙國家厚恩，當相與努力，恢復中原；今若修築楚州城池，專為防守
> 退保之計，將如何去激勵將士？

張俊聽了這番話大不高興，接著就又說了一些攻擊岳飛的話語，岳飛雖然沒有做任何反應，張俊卻還是怒不可遏，隨即遷怒於身邊的兩名「候兵」，強加於他們一個罪名而下令斬首。

岳飛懇切勸止，終是不肯聽從。及至返回南宋朝廷之後，張俊更把岳飛的意見加以歪曲，在朝內朝外到處散播謠言，顛倒是非黑白，對岳飛進行誣衊。

他說岳飛曾在楚州當眾宣言：楚州不可守，因而楚州城何必修？

張俊之所以製造這類謠言，是要說明岳飛立意要放棄楚州，亦即放棄淮東整個地區，而退保長江。

然而事實上，真正要放棄淮南而退保長江的，卻並不是岳飛，而是張俊、秦檜和趙構諸奸賊。

他們從此玩弄起賊喊捉賊的手法。

張俊的上述諸行為，越來越受到趙構和秦檜的賞識和寵信。他們目前暫時撇開岳飛，依然共同策劃收拾韓家軍的勾當。

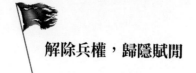

## 解除兵權，歸隱賦閒

他買通了韓家軍中總管錢糧的胡紡，要他誣告韓家軍蓄謀造反，以便最後置韓世忠於死地。

胡紡本是個奸佞小人，兩年前襲殺張通古計劃，就因他告密而未能實施。這次，他又根據秦檜的意圖，出頭誣告韓世忠的部將耿著有「蛊惑眾聽，希圖生事」的「罪狀」。

秦檜立即命人逮捕耿著，嚴刑逼供，企圖牽上韓世忠，然後置之刑典。結果未能完全達到目的。

原在韓家軍總領錢糧的胡紡，這時已被秦檜、張俊所收買，便揣摩著當時局勢與主使人意圖，出面誣告韓世忠的部將耿著「鼓惑眾聽，希圖生事」。耿著立即被逮捕入獄，繼被判決「杖脊，刺配青陽軍牢城」。秦檜等人的意圖，是要把這一案件儘量擴大，實行株連蔓抄，以最後達到懲治韓世忠本人這一目的為止。

岳飛的為人，忠直強項，直情徑行。這次楚州之行，沒有使秦檜、趙構順利達成其收拾韓家軍的目的，更使得這夥操權得勢的奸惡集團，對岳飛的仇恨又遠在韓世忠之上了。於是，還沒有來得及把耿著的案件照原來的陰謀擴大下去，秦檜、張俊、趙構等人的怨毒之氣，又要一股腦兒往岳飛身上發洩。

秦檜指使他的黨羽右諫議大夫万俟卨編織罪名，彈劾岳飛：

一是說岳飛自從擔任樞密副使以後，悠閒消極，不問國事；

二是說岳飛在今春的淮西之役中，違抗朝廷旨意，遲遲不出兵，以致有攝州敗北；

三是說岳飛不久前同張俊前往楚州安撫韓世忠舊部時，竟然當著張俊的面，反對修復楚州城垣，公然宣稱楚州應當放棄。

據此，万俟卨要求朝廷免去岳飛樞密副使官職，把他貶斥出朝。這些「罪狀」，除第一條事出有因外，其餘兩條完全是憑空捏造或故意歪曲。

万俟卨彈劾之後，趙構暫時未加處理。

　　與此同時，宋、金之間的關係又發生了新的變化。金朝自從兀朮執掌軍政大權之後，連續兩次大舉南侵，都遭到以岳家軍為主的宋軍的迎頭痛擊，損兵折將，一敗塗地。

　　兀朮不得不承認「南宋近年軍勢雄銳。」他懾於岳家軍的威力，改變了策略，再度使用誘降的辦法，以求達到他用攻戰所無法達到的目的。

　　紹興十一年八月初，兀朮寫了一封「撅書」，讓早先被扣押的兩名宋將英莫和韓恕南歸，帶給趙構和秦檜。信中極盡威脅之能事，企圖逼迫趙構屈膝投降。

　　這件事很快地被岳飛知道了。他實在按捺不住激動的心情，便鼓起勇氣，直諫說：「在我班師後，兀朮無緣無故來約和，必是探聽我們的虛實，或者是虛聲訛詐，如果輕信他的話，則是有害而無利啊。」

　　秦檜見岳飛仍然頑強不屈地反對和議，氣急敗壞，又唆使御史中丞何鑄和殿中侍御使羅汝揮兩個人，再次彈劾岳飛。「罪名」無非是重彈万俟卨的老調，並敦請朝廷給予岳飛處分。

　　秦檜故意命万俟卨將那些奏章抄了副本，交給岳飛。

　　岳飛知道自己被人彈劾，而且又是編造和一派胡言，心中氣憤之極，便上章自請罷免。這正合趙構和秦檜的心意。

　　當年八月初八，宋廷頒下詔旨，免去岳飛的樞密副使之職，命他以「武勝定國軍節度使」充任「萬壽觀使」的閒職。

　　岳飛被解除樞密院的官職，返回江州廬山舊居賦閒之後，朝廷上梗阻和議的最大障礙已除，趙構和秦檜等便進一步出賣主權、土地和人民。

　　他們先是派劉光遠、曹勛二人，帶了求饒告哀的書信，去金營拜見兀朮。

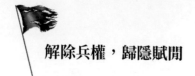

## 解除兵權，歸隱賦閒

兀朮不滿意於趙構信中的措詞和來使官位太低，將原函退回。他們連忙又改派官位較高的魏良臣和王公亮為「稟議使」，前往求見兀朮，表示只要金方按兵不動，議降的條件就一定聽從兀朮的「鈞誨」。

魏良臣和王公亮到了金營一面向兀朮呈遞書信，一面口述趙構和秦檜擬定的投降條件：

以淮水中流作為宋、金的分界線；
淮水以西的唐、鄧兩州，全部割讓予金；
每年向金貢納銀 20 萬兩、絹 25 萬匹……

哪知兀朮的胃口更大，並不以此為滿足。經魏、王兩人再三叩頭哀求，兀朮才勉強允諾。

趙構得到兀朮允降的回書後，欣喜若狂，立即以「臣」自居，寫了堅決投降的「誓表」，答應割讓土地，交納歲幣，並厚顏無恥地說什麼「既蒙繼造，許備藩方，世世子孫，謹守臣節」。

他還委派何鑄和曹勛為正副專使，去兀朮軍營朝拜。

兀朮見自己誘降策略完全成功，不免志得意滿，即命何鑄、曹勛將趙構的「誓表」送往會寧府獻給大金皇帝。

由於兀朮曾提出過一定要殺岳飛方可言和的先決條件，因此，在趙構和秦檜的這場喪權辱國的大出賣過程中，一個置岳飛於死地的罪惡勾當，即將付諸實施。

# 除夕之夜賜死風波亭

　　為了置岳飛於死地，秦檜等人千方百計羅織岳飛的「罪狀」。張俊在秦檜的授意下，先是利用岳家軍的內部矛盾，王貴威脅和利誘，要他誣陷岳飛。王貴屈從了。接著他們又收買張憲的前軍副統制王俊。

　　王俊過去在軍中做劊子手。有一次，他的同僚中有一個名叫呼幹的人得罪了他，他便捏造罪名加以陷害，讓他官運亨通，步步高升，人們因此稱他為「王雕兒」。但是自從他被編入岳家軍後，五六年來卻寸功未立，一官不升，而且每每因奸貪遭到張憲的制裁，所以一直懷恨在心。

　　張俊得到這樣一個無賴小人，當然喜出望外，便立即命人代他寫好一份狀紙，題目為〈告首狀〉，唆使他出首誣告岳飛的部將張憲。說張憲為了迫使朝廷將軍權交還給岳飛，陰謀裹脅大軍往襄陽。

　　王雕兒接受這項任務後，便趁著張憲輪到去京口樞密行府參見張俊的機會，向王貴投送那份〈告首狀〉。王貴明知這是徹頭徹尾的誣陷，卻屈從於秦檜、張俊的壓力，違心地將此〈告首狀〉送交秦檜的心腹林大聲。

　　林大聲又急忙轉送到京口樞密行府張俊手中。張俊收到王俊的〈告首狀〉，立即召集樞密院的官吏審此案，嚴刑逼供，企圖將張憲屈打成招。然而，無論經受怎樣的折磨，他都咬緊牙關，決不讓他們的陰謀得逞。

　　張俊等一不做，二不休，又捏造岳飛之子岳雲曾寫信給張憲，唆使張憲預謀兵變，以威脅朝廷。因此，張俊又立即逮捕了與張憲同來的岳雲，把他打得死去活來，但仍然得不到張俊所要的口供，只得將二人一併押往臨安。

　　張憲、岳雲的囚車到達臨安，秦檜命將二人暫時看押在大理寺中，自己則上朝奏報皇上。趙構聽到此事。先是大吃一驚，因為他事前並未知悉詳情，感到非常突然。

　　秦檜奏請趙構下詔，把岳飛抓來，與張憲、岳雲當面對質，將案情弄清，從而定罪嚴懲。趙構答應讓秦檜全權處理此案。

　　秦檜得到趙構的默許後，首先考慮的是怎樣去誘捕岳飛。他想到殿前司統制楊沂中和岳飛是結拜金蘭的義兄弟，不久前楊已被張俊所籠絡，如果派他去勸誘岳飛前來臨安，估計不會引起岳飛的懷疑。於是，立即命人傳喚楊沂中到相府議事。

　　楊沂中奉命來到宰相府第，秦檜沒有親自接見他。一名值日官交給楊沂中一份堂牒，要他立刻去廬山，拘捕岳飛。值日官傳達秦檜的命令，說：「一定要將活的岳飛帶來！」

　　楊沂中還沒有到達廬山，岳飛的一位舊部屬蔣世雄，已得到王俊上告張憲「背叛」的消息，專程從鄂州飛馬來到廬山報告。

　　因此，岳飛得知楊沂中奉命前來，便深感凶多吉少。在岳飛的結拜兄弟中，楊沂中排行第十。岳飛緊緊地抓住楊沂中的手，問：「十哥，你是為什麼事來的？」

　　「這裡不是說話之處，」楊沂中說，「咱們到府上再談吧！」

　　岳飛心頭更浮起了不祥的預感。他默默陪同楊沂中走進廳堂，楊沂中隨即把秦檜交給他的堂牒讓岳飛看了，並將張憲和岳雲都已被扣押，朝廷要岳飛前去對質等情況，告訴了岳飛。

　　岳飛感到情況相當嚴重，但他自信做事光明磊落，面君以後，一切是非總可以分辨清楚的，當下便跟隨楊沂中前往臨安。為了稍作準備，岳飛轉身回內院去。

　　楊沂中滿腹狐疑，忐忑不安地在大廳裡等待。過了一會，一名侍女捧了一杯酒由內院走出來，送到他面前，說：「岳將軍請你喝掉這杯酒。」

　　楊沂中心裡愈加不安起來。他想，岳飛大概是到後院去自盡了，這杯

酒一定是毒酒，是要我也死在這裡！

楊沂中盯著侍女看了半晌，覺得並沒有什麼可疑的神情，又探聽岳飛在內院做什麼。侍女的回答也十分坦然。他這才舉起酒杯，一飲而盡。

岳飛從內院出來，笑吟吟地對楊沂中說：「剛才這杯酒並不是毒酒。你既然放心喝了它，就證明你真夠朋友。好吧！我跟你去。」

岳飛略略收拾了一下，便帶了幾名隨從離開廬山，隨同楊沂中去臨安。

黃昏時分，岳飛一行投宿在江上巡檢官的宅院裡。宅院的主人得知來客就是久聞大名的岳飛，連忙收拾了一間最好的房間，請岳飛住進去。

岳飛又堅執地說：「謝謝你，我還是住在門房裡吧！」

巡檢官再三邀請，看見岳飛執意不肯搬進內室，只得依了他。

深夜，門房裡的蠟燭還沒有熄滅。巡檢官好奇，走到窗前偷偷張望。只見岳飛在和隨從說話，但聲音很小，聽不清楚說些什麼。最後岳飛站起身來，正色道：「我只有前去！」

岳飛一行曉行夜宿，於當年十月十三日到達臨安府。秦檜向趙構報告後，便派人去請岳飛，說是要他到朝廷去聽聖旨。

岳飛坦然地上了大轎。哪知秦檜派去的這頂轎子，沒有把岳飛抬到朝廷，卻把他送到了大理寺。

岳飛下轎，看到四周的房子都垂掛著門簾，感到有些驚詫。正在徬徨間，只見幾名獄吏從屋內走出來。對他說：「這裡不是相公坐的地方。請到後面等候，去核對幾件事情。」

岳飛問：「我為國出力半生，怎麼今天竟到了這裡，這究竟是為什麼呢？」

沒有人理睬他。他只得跟著獄吏前去。

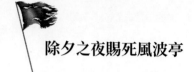

## 除夕之夜賜死風波亭

到了一間陰暗的牢房前，只見張憲和岳雲戴著沉重的枷鎖鐐銬已被折磨得遍體鱗傷，血跡斑斑。岳飛目睹這一慘狀，心肝俱裂，淚如泉湧。對岳飛的審訊，立刻在大理寺進行。負責審訊這一案件的是御史中丞何鑄與大理寺卿週三畏。

何鑄懾於秦檜的淫威，兩個月前曾彈劾了岳飛。這次他又奉命主持審訊。

何鑄問：「有人投書密告，說你擔任樞密副使以後，心懷不滿，久欲恢復兵權，預謀叛亂。可有此事？」

岳飛坦然地回答說：「如欲叛變，我早已去向鄂州，何必隻身來到臨安！」

何鑄又問：「你指使岳雲寫信給張憲，意欲恢復你的兵權。」

岳飛再反問：「張憲、岳雲有無口供？」

何鑄說：「沒有。」

岳飛憤怒地說：「既無口供，又無物證，這如何能構成罪狀！」

何鑄理屈詞窮，但又不甘就此罷休。他向岳飛提出王俊的〈告首狀〉作為證據，說：「岳少保，大理寺奉旨開庭審訊，你應從實招認。」

岳飛強壓住滿腔怒火，沉著地為自己和張憲、岳雲辯白冤情，他將王俊〈告首狀〉中的矛盾，有理有據得一一指陳，痛加駁斥。

岳飛反問何鑄：「王俊既然早已跟張憲反目成仇，那麼張憲如有謀反之意，這樣的機密大事，怎麼會毫無顧慮地向王俊傾吐？更何況我原先的親衛軍的頭領們，都會一無所知呢？」

岳飛慷慨陳詞，列舉金兵的歷次南侵，他都親書的奏章，請纓抗戰，而每次作戰，他又都親冒矢石，出生入死，他披肝瀝膽，畢生報效國家。

良心還沒有泯滅的何鑄，再次審查了所有的案卷，發現王俊所提供的

材料，實在自相矛盾，漏洞百出，明顯是誣陷之詞。他想強敵未滅，就這樣無故地陷害一員大將，必然會失去軍心，對於社稷的長治久安非常不利，於是便如實向秦檜說了自己的想法。秦檜理屈詞窮，但為了實現既定的陰謀，又改派万俟卨來審訊岳飛一案。

大理寺公堂上氣氛沉重，皂隸分列兩旁。在沉重的鐘鼓聲中，万俟卨得意地登上了主審的高位，吩咐帶岳飛上堂。隨著皂隸的哈喝聲，岳飛身著青布袍，拖著沉重的鐐銬，邁步來到堂前。

万俟卨把王俊等人捏造的物證擺在面前，向岳飛大聲喝斥道：「國家有哪點虧負了你們，你們父子卻要與張憲共同謀反？」

岳飛怒火填膺，目眦盡裂，大聲說道：「我可以對天發誓，我絕對沒有半點負國的行為！你們既主持國法，就不該陷害忠良！」

万俟卨冷笑了幾聲問：「你說你沒有反意，那麼你可記得，游天竺寺時，你曾在牆壁上題過『寒門何載富貴』那句話嗎？」

陪審的官吏們立即隨聲附和說：「既然寫下那樣的話，豈不是要造反嗎？」

岳飛望著高高在上的万俟卨之流和周圍的大堂，感到自己的命運已經完全掌握在這些奸佞小人的手裡，一任他們擺佈，任何爭辯也不能洗刷自己的不白之冤了！

於是，岳飛長嘆一聲，說道：「想不到我竟落在秦檜這個賣國賊手中，使我十幾年來的報國忠心，全都付之東流了！」說罷，他閉上眼睛，任憑獄卒百般拷打，再也不說一句話。

秦檜和他的黨羽，為了置岳飛於死地，拚命羅織「證據」，然後深文周納，編造了幾條「罪狀」。

一是說，幾年以前，岳飛第一次作節度使時，曾對人誇耀說：

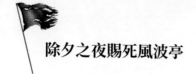

「三十二歲上做節度使，自古少有！」而在這個年歲上做節度使的，只有開國的太祖皇帝。岳飛膽敢與太祖皇帝相比，這分明懷有很大的野心。

二是說，岳飛退師鄂州時，曾問部將：「天下大事究竟怎麼辦呢？」張憲回答說：「在於將軍處置罷了！」這分明是大逆不道，企圖謀反的話語。

三是說，當岳飛聽到張俊等兵敗塗州的消息後，曾對部將說：「國家今天的處境真是不得了，官家又不修德！」這豈不是有意動搖人心，指斥皇帝嗎？

岳飛的冤獄，震動了朝野。百姓們一批又一批湧向大理寺，要求釋放岳飛。朝廷上的一些正義之士，也紛紛上書，為岳飛仗義執言。

韓世忠雖已罷去樞密使官職，仍前往質問秦檜：「要定岳飛罪，究竟有何證據？」

秦檜含糊其辭地回答說：「岳飛給張憲的書常，內容雖不清楚，但這樣的事情，莫須有！」

韓世忠氣憤地對秦檜說：「相公，你這『莫須有』三字，怎麼能使天下人心服呢！」

西元一一四一年，宋朝終於和金簽訂了辱國喪權的「盟書」。

岳飛的案子，由於朝野的反對，一直拖延未決。時間慢慢推移，不覺到了臘月二十九，眼看新的一年就要來臨。

秦檜一個人悶悶不樂坐在書房裡，手裡拿著剛吃剩下的柑子皮，下意識地用指甲在上面來回畫個不停。殺岳飛吧！沒有證據，民情洶洶，難以平服；不殺岳飛吧！金方又不答應，萬一兀朮藉口翻臉，那更不得了！

正在這時，秦檜的老婆王氏警告他說：「你做事真太不果斷！你豈不知道，捉虎容易放虎難啊！」秦檜在他老婆的提示下，恍然大悟，立

即寫了一張紙條，命親信送到大理寺。

万俟卨等奉命匆匆上書，奏請將岳飛處以斬刑，張憲處以絞刑，岳雲處以徒刑。

趙構接到奏章，當時就提起硃筆，批道：「岳飛特賜死，張憲、岳雲並依軍法施行。楊沂中監斬。」

臨刑前，万俟卨等最後一次提審岳飛，企圖讓岳飛在他們炮製的「供狀」上畫押。

岳飛知道自己面臨最後時刻，卻視死如歸，昂然轉過身來，取過筆，在供狀上寫了個大字：「天日昭昭！天日昭昭！」隨即，端起酒杯，飲下了毒酒。

除夕之夜，北風呼嘯，漫天大雪。累建奇勛、年僅三十九歲的岳飛，被逼喝下了趙構「御賜」的毒酒！

張憲、岳雲被押赴在市曹，斬首示眾！曾經馳騁沙場的英雄們的滿腔熱血，沒有灑在長城內外，沒有灑在萬里沙場，卻灑在臨安西湖，灑在昏君、奸臣銀燭華筵、慶賀昇平的歌舞聲中！

風波亭是南宋杭州大理寺獄中的亭名，在這裡留下了震驚世人的大陰謀：宋高宗趙構聽信奸相秦檜讒言，誣陷岳飛謀反，一代名將岳飛及其兒子岳雲、部將張憲在風波亭內被殺害。

# 「還我河山」永駐人間

　　岳飛被害後，獄卒隗順冒著生命危險，將岳飛遺體背出杭州城，埋在錢塘門外九曲叢祠旁。

　　為了日後辨識，隗順又把岳飛身上佩帶過的玉環系在其遺體腰下，還在墳前栽了兩棵橘樹。隗順死前，又將此事告訴其兒，並說：岳元帥精忠報國，今後必有給他昭雪冤案的一天！

　　1161 年，金朝統治者再次撕毀和約，水陸並進，分兵南侵，勢甚兇猛。這時南宋臣僚和太學生中都有人上疏給趙構，也有人上書給知樞密院葉義問，提議雪岳飛之冤，「以謝三軍之士，以激忠義之氣。」

　　趙構這時在內心的深處雖又打算著向南方逃跑的「避狄之計」，然而，終於拗不過朝野軍民主張抗戰的輿論和氣勢，因此，他又不得不極其勉強地下詔宣布要親往建康去「視師江上」。

　　而允許釋放岳飛、張憲子孫家屬的詔令，就是與「視師江上」的詔令同一天發佈的。同一天發佈的這兩道詔令，雖然都是與鼓舞軍民的抗金情緒有關的，然而，趙構在這裡竟把岳飛、張憲與蔡京、童貫相提並論，作為同一類人物看待，卻有些不分青紅皂白了。

　　但不管怎麼說，岳飛的被流放到廣南地區、且還屢被移徙的妻子家屬，總算因為這道詔令而又回到江州家中了。

　　紹興三十二年六月初十，宋高宗趙構禪位給他的過繼兒子，自己則以太上皇帝的身份而退居於德壽宮中。

　　受禪的孝宗，是一個有志於對金用兵、收復失地、報仇雪恥的人。自從他幼年被收養在宮中之後，即對於主張抗戰的文武臣僚，特別是對於岳

飛，深表敬重；而對於秦檜則極為鄙視，且曾因此遭受到秦檜的忌妒，並一度吃過秦檜的虧。

對於岳飛等人的慘遭殺害，宋孝宗是深感痛心的。所以，孝宗在受禪之初，便於七月初十以仰承太上皇帝旨意為名，下令追復岳飛的原官，「以禮改葬，訪求其後，特與錄用。」

當年十月十六日，宋廷以正式文告，宣布追復岳飛的「少保、武勝定國軍節度使、武昌郡開國公、食邑六千一百戶、食實封二千六百戶。」

同年十月十八日，岳飛的李夫人恢復楚國夫人的封號；兒子岳雲也追復為左武大夫、忠州防禦使，以禮葬於岳飛墓旁；次子岳雷則追復為忠訓郎、閤門祗侯；三子岳霖恢復了右承事郎的官職。

20年後，即1162年，宋孝宗趙昚為順應民意，特降旨為岳飛澄冤昭雪，並以500貫白銀的高價徵尋岳飛的遺體。隗順的兒子把其父藏屍的真相告知官府，岳飛的遺骨才得以遷葬杭州西子湖畔棲霞嶺，讓後世之人絡繹不絕地於墓前憑弔。要不是隗順，我們今天憑弔的恐怕就不是民族英雄的真正遺體了。

宋孝宗隆興元年七月十九日，經岳雲的兒子岳甫的奏陳，南宋王朝發還了岳飛生前在江州所置田宅房廊。

淳熙五年閏六月二十二日，經岳飛第三子岳霖的奏陳，南宋王朝把岳飛生前所接受到的趙構寫給他的全部「御筆」、「手詔」，全部發還。

按照宋朝的規定，對於封爵已至王、公，或文武官僚的職位已到三品以上的，身死之後都要諡以美名。

岳飛是慘遭殺害的，自然不可能再有「易名之典」；然而到孝宗即位之後，他的冤案已經得到平反昭雪，生前的職銜也全已明令恢復了，而有關「諡號」的事卻遲延了10多年而猶未被人提及。

　　乾道 6 年湖北轉運司上書給南宋政府，要為岳飛在鄂州建立廟宇，南宋政府也只答覆他說：「奉敕，宜賜忠烈廟為額」，說明這個廟額還只是臨時擬定的。

　　到淳熙四年，江東轉運副使顏度上奏說，應為岳飛定諡，太常寺擬請「諡以忠威」，但孝宗未予同意，「令別擬定」。後來再由太常寺復議，又建議說：

> 茲按諡法，折衝禦侮曰武，布德執義曰穆。公內平群盜，外捍醜虜，宗社
> 再安，遠邇率服，猛虎在山，藜藿不採，可謂折衝禦侮矣；治軍甚嚴，撫
> 下有恩，定亂安民，秋毫無犯，危身奉上，確然不疑，可謂布德執義矣。
> 合茲二美，以武穆諡公，於是為稱。

　　到淳照五年十二月十二日，宋孝宗同意了這個意見，於是正式宣布，確定岳飛諡號為武穆。

　　到宋寧宗趙擴即位以後，權臣韓侂冑為了提高和鞏固自身之權勢地位，一心要發動對金的戰爭。

　　他首先使用各種方法「以作六軍之氣」，並未經岳飛後裔或其他臣僚的陳請，便於嘉泰四年五月下詔說，岳飛「可特予追封王爵」，到六月二十日，發佈了正式文告，追封岳飛為鄂王。

　　然而，昭雪事項到此還未告結束。宋寧宗於嘉定十七年去世，理宗繼位之後，認為岳飛諡曰武穆，既不能完全符合孝宗的本意，也不足以概括岳飛一生的功德，便下詔說：

> 易名之典雖行，議禮之言未一：始為忠愍之號，旋更武穆之稱。

　　到底還是未能盡滿人意。所以決定要改用更合適的字樣。太常寺擬議改為忠穆，然而宋理宗覺得仍難滿意。於是在寶慶元年下詔說：

昔孔明之志興漢室，若子儀之光復唐都，雖計效以或殊，在秉心而弗異。
垂之典冊，何嫌今古之同符；賴及子孫，將與山河而並久。……故太師追
封鄂王，特與諡忠武。

岳飛雖從此年即改諡忠武，從此下距南宋之亡雖然還有 50 餘年，但
岳武穆之稱號一直流傳於世，一直未為忠武之稱號所取代。

岳飛是中華民族的民族英雄。他的愛國主義精神贏得了人民的高度讚
揚，千百年來一直激勵著中華民族的子子孫孫；而趙構、秦檜之流殺害
岳飛和侵略者投降的卑鄙行為，卻永遠遭到人民的無情詛咒。

封建的統治者千方百計企圖把這鮮明的愛憎從人民的記憶中抹去，但
這是永遠也辦不到的事情。

明朝中葉，常熟人周木參見浙藩時，用鐵鑄造了秦檜夫婦的跪像，投
放在岳飛墓的前面。後人又增鑄了張俊和万俟卨的跪像。

岳飛的一生，是英勇抗擊外族侵掠的一生，他的堅決反抗民族壓迫的
愛國主義精神和堅貞不屈的民族氣節，樹立了優秀的典範並提供了高尚的
精神遺產，值得人們永遠紀念。

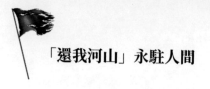

「還我河山」永駐人間

# 附錄：岳飛年譜

1103 年，岳飛出生於北宋相州湯陰。

1122 年，岳飛 19 歲，應真定府宣撫使招募，當上了一名「敢戰士」，率軍平定了相州一帶的匪亂，後因父喪歸家守孝。

1126 年，岳飛再次投軍，應劉浩招募，在相州參加了趙構大元帥府的部隊。

1127 年，岳飛投東京留守使宗澤麾下。當年農曆十二月先以 500 騎兵破金兵於泗水，後在蘆筍渡用奇兵再敗金兵。宗澤賞識岳飛智勇過人，擢升岳飛為東京留守司統制。

1131 年，岳飛隸屬張俊所部，期間破李成，收降張用。

1132 年，農曆正月末，岳飛被任命為知州、兼荊湖東路安撫使、都總管，統率軍馬前往潭州。

1134 年，任江南西路、舒、蘄制置使兼荊南、鄂、岳、黃、復州、漢陽軍、德州府制置使。同年，上書高宗收復襄陽六州。五月，岳飛自鄂州出兵 3 萬進攻偽齊。臨行登船時，對眾將雲：「定叫賊人還我河山，飛不擒寇，誓不返渡。」當年，岳飛昇官拜太尉。

1136 年，農曆正月，岳飛從鄂州防地趕平江府，參加由張浚主持的軍事會議。南宋朝廷任命岳飛為北伐西路軍的統帥，從襄陽出發，直搗中原。

1137 年，岳飛由於進軍陳蔡所建的功勛而受到襃揚，官階由檢校少保晉升為太尉。他的部將董先、牛皋、王貴等人也都得到了晉升。

1138 年，岳飛施反奸計用完顏宗弼殺劉豫。同年，岳飛懷著極端失望的心情，回到盧山東林寺旁他的府第中去，寫了一道奏章給南宋王朝，說因與宰相張浚意見不合，請求解除兵權，留在盧山，為他的母親守孝。

1139 年，岳飛在鄂州聽說宋金和議將達成，立即上書表示反對，申言「金人不可信，和好不可恃」，並直接抨擊了相國秦檜出謀劃策、用心不良的投降活動，使秦檜抱恨。

1140 年，金國撕毀紹興和議，兀朮等分四道來攻。由於沒有防備，南宋軍節節敗退，城池相繼失陷。隨後高宗命韓世忠、張俊、岳飛等出師迎擊。很快，在東、西兩線均取得對金大勝，失地相繼收回。岳飛揮兵從長江中游挺進，實施銳不可當的反擊，他一直準備著的施展收復中原抱負的時機到來了。岳飛於六月再次從鄂州出兵北伐，大破兀朮「拐子馬」於郾城，這就是歷史上有名的郾城大捷。

1142 年，趙構、秦檜等將岳飛殺害於臨安，岳飛時年僅 39 歲。其子岳雲及部將張憲也同時被害。20 年後，宋孝宗即位，岳飛的冤獄得以昭雪。

# 不愚忠的抗命將軍岳飛

## 於兵荒馬亂中誕生，領岳家軍殺敵無數，不畏權勢，成為一代抗金名將！

編　　著：山陽，馬貝

發 行 人：黃振庭

出 版 者：崧燁文化事業有限公司

發 行 者：崧燁文化事業有限公司

E - m a i l：sonbookservice@gmail.com

粉 絲 頁：https://www.facebook.com/
　　　　　sonbookss/

網　　址：https://sonbook.net/

地　　址：台北市中正區重慶南路一段六十一號八
　　　　　樓 815 室
　　　　　Rm. 815, 8F., No.61, Sec. 1, Chongqing S. Rd.,
　　　　　Zhongzheng Dist., Taipei City 100, Taiwan

電　　話：(02)2370-3310

傳　　真：(02)2388-1990

印　　刷：京峯彩色印刷有限公司（京峰數位）

律師顧問：廣華律師事務所 張珮琦律師

定　　價：299 元

發行日期：2022 年 08 月第一版

◎本書以 POD 印製

**國家圖書館出版品預行編目資料**

不愚忠的抗命將軍岳飛：於兵荒馬
亂中誕生，領岳家軍殺敵無數，
不畏權勢，成為一代抗金名將！
/ 山陽，馬貝編著 . -- 第一版 . --
臺北市：崧燁文化事業有限公司，
2022.08
　面；　公分
POD 版
ISBN 978-626-332-604-0( 平裝 )
1.CST: ( 宋 ) 岳飛 2.CST: 傳記
782.852　111011621

電子書購買

臉書